歴史総合パートナーズ ⑦

3・11後の水俣/MINAMATA

小川 輝光
Ogawa Terumitsu

SHIMIZUSHOIN

目次

プロローグ―地球環境問題の時代に，どうして公害を学ぶの？―...4

1. 水俣の風景から，何を読み取れるのだろう？―近現代日本の濃縮地点―...10
 （1）工場正門の風景を歴史する...12
 （2）漁村を歩いてみよう...22
 （3）慰霊碑の意味を考えてみよう...35

2.「公害地図」を押し広げる，世界の環境問題と出会う...44
 （1）患者たちと旅に出よう...45
 （2）カナダで水俣病？...53
 （3）水俣病の前に，水俣病があった？...62

3. 水俣病を歴史学的に考えると，何が見えてくるのだろう？...74
 （1）世界史の中で日本の「開発」と「公害」をとらえよう...75
 （2）公害問題の浮上は，何を意味しているか？...80
 （3）グローバル時代の環境問題のとらえ方...89
 （4）私たちの「公害／環境問題」認識をとらえ直そう...94

エピローグ―そして，3・11後の世界の中で―...102

プロローグ―地球環境問題の時代に，
どうして公害を学ぶの？―

この本を書いている2018年は，2011年3月11日に起こった東日本大震災から7年後の世界となります。3・11後，特に原子力発電所事故を経ていろいろな変化がありました。そのような変化の中で，改めて公害という問題を通じて，環境にかかわることを考えてみようというのが，本書の目的です。

　環境問題と聞くと，まずは地球温暖化を連想するでしょうか。途方もなく大規模な地球環境の問題は，どうしたら改善されるのだろうと思うかもしれません。あるいは，PM2.5のような中国発の問題を思い出す人もいるでしょう。先進国日本では，公害のような環境問題は過去のこと，という印象があるかもしれません。

　そういう中で考えたいと思うのは，原発事故が引き起こしたさまざまな問題や，世界のどこかで生じている環境問題は，実は私たちの日常の活動とかかわっており，私たちも，時には誰かに対する加害者の立場に立っている可能性があるということです。

　一例をあげましょう。ここに1台のスマートフォンがあるとします。中学生以上の10代の個人保有率は81.4％，20代だと94.2％だといわれているので［総務省『平成29年版　情報通信白書』2017年，3頁］，あなたももっているかもしれませんね。

　その部品の中には，インジウムやカリウムといった有害金属も含まれています。スマートフォンの平均買いかえ年数は4年とされ，そのたびに有害物質を含んだ中古品もしくは部品が発展途上国に輸出されています。また，コバルトという原料は，コンゴ民主共和国で採掘されており，そこでは未就学児童が働くという児童労働の問題がある可能性が指摘されています。レアアースについては，放射性物質が鉱石に含まれるため，原産地マレーシアでの採掘や精錬作業中に，

プロローグ―地球環境問題の時代に，どうして公害を学ぶの？― 5

環境や人体に深刻な被害をもたらしているとの報告があります。製造現場である中国での労働災害の報告もあります［吉田文和『スマートフォンの環境経済学』，華井和代『資源問題の正義』］。

　買いかえを前提とした生産構造や消費スタイルは，世界の環境汚染や公害と深くかかわっています[※1]。こういう事実を知っているのと，知らないのとでは，スマートフォンの見方は変わるのではないでしょうか。

　この環境汚染をめぐる加害と被害の問題は，日本の公害の歴史に学ぶべきことが多くあります。そして，その公害の原点とされるのが，九州の不知火海沿岸で起きた水俣病です。名前を聞いたことがありますか。

　社会科の教科書では「四大公害病」「経済成長の光と影」といった内容で扱われることもあります。具体的には，原因企業がチッソ[※2]という会社で，工場排水に含まれた有機水銀（メチル水銀）が人体に入ることで，神経障害などが生じることや，1969年に患者が裁判に訴え，73年に被告のチッソが敗訴したことなどが紹介されています。しかし，このような説明だと，どこか「過去の出来事」という印象はぬぐえません。

　水俣病は，もう終わったことでしょうか。水俣病は，日本にしかないのでしょうか。こういったことは，手元の教科書だけでは分かりません。現在の環境問題に向き合う時，私たちには，水俣病からもっと豊かに学ぶものがあるのではないか，と考えます。水俣病の歴史を，3・11後の現在と結びつけることで，「現在と切れた過去」から「私たちに意味のある歴史」へと解き放ちたいと思います。

　ですから，この本では，現在と過去を行き来し，日本と世界を飛び回ることで，水俣病を中心とした公害の歴史が訴えているものは何か，探す旅に出かけてみたいと思います。その際，**地図を片手に歴史を旅すること，一人ひとりの証言に**

耳を傾けること，日本と世界のつながりに着目すること（書名の「MINAMATA」とは世界とのつながりを表現しています），の三つを大切にしたいと思います。この旅が「水俣／MINAMATAを歴史する」体験となるでしょう。

　本書の見取り図も確認しましょう。第1章で水俣の風景を旅し，第2章で世界とのつながりを見ていきます。第3章では世界の歴史の中で「水俣／MINAMATA」を学ぶ意味を一緒に考えたいと思います。すでに水俣を訪れたことがある人は，第2章から読み始めてもいいかもしれません。最初に学ぶ意味を考えたい人は，第3章から読んでもいいでしょう。

　さらに，章末のレッスンにも取り組んでみてください。理解を深め，他の問題に応用することを目指しています。授業の場があれば，他の人の意見も聞いてほしいと思います。

　それでは，出発しましょう[3]。

※1　スマートフォンに不可欠な液晶の原料は，実はこの後登場するチッソ（現JNC）が多くのシェアを占めている。

※2　チッソは，1965年までは新日本窒素肥料株式会社といった。社名は時期によって違うが，本書では便宜上65年以降の名称である「チッソ」に統一して表記する。

※3　本文中で今日では差別的表現にあたるものがあるが，歴史的表現を尊重してそのまま使用した。

プロローグ―地球環境問題の時代に，どうして公害を学ぶの？―　7

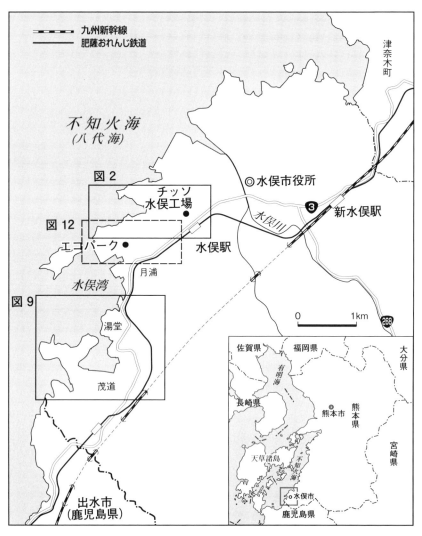

図1　水俣市略図

プロローグ―地球環境問題の時代に，どうして公害を学ぶの？― 9

1. 水俣の風景から，何を読み取れるのだろう？
―近現代日本の濃縮地点―

そうですよ。やっと家々に電気がつきはじめたのは、新工場ができて、いっときしてからですよ。町からちょっと離れた部落は、大正どころか昭和ですよ。（岡本達明・松崎次夫編『聞書水俣民衆史2　村に工場が来た』草風館、1989年、219頁）

　水俣の近代化は、チッソの工場とともにありました。

　水俣は、江戸時代以来、農業が中心の町でしたが、沿海部では製塩も行われていました。1905年、明治政府が導入した塩専売制によって、収入が確保できなくなった村の有力者が、塩田跡地にチッソの工場を誘致します。チッソは曽木発電所で発電し、その電気が工場を動かし、さらに町の各家庭にも送られました。町と町の外をつなぐ鉄道は、チッソの工場の前に駅がつくられました。いつしか、水俣は「チッソの城下町」と呼ばれるようになります。

　チッソの工場では、戦前からつくっていた肥料のほか、塩化ビニールの可塑剤オクタノールの原料として、アセトアルデヒドを製造していました。このアセトアルデヒド製造工程の触媒であった無機水銀が有機化し、水俣病の原因物質メチル水銀となったのです［西村肇・岡本達明『増補版　水俣病の科学』］。

　この章では、「公害の原点」水俣の町を歩きながら、水俣病が投げかける問題について考えていきたいと思います。

1. 水俣の風景から、何を読み取れるのだろう？―近現代日本の濃縮地点―　11

（1）工場正門の風景を歴史する

●

駅と正門

　肥薩おれんじ鉄道水俣駅を降りるとすぐ正面に，チッソ水俣工場の正門が見えます。この間の距離は50メートルもありません。というのも，もともと水俣駅はこの工場のためにつくられたからです[※1]。工場では，最盛期の1950年代には5000人もが働いていました。

　今はただの門に見えるこの場所では，いくつもの歴史的事件が起き，水俣の人々の記憶に刻まれています。5枚の写真を見ながら，記憶の地層を掘り起こしましょう。

天皇行幸

　1枚目（図3）の写真に写っている人物は誰でしょう。これは，戦前（1931年）の写真です。チッソの工場を訪れた昭和天皇を，チッソの創業者野口遵（のぐちしたがう）[※2]が先導しているようすです。

　戦前の天皇は，現在の象徴天皇とは異なり，政治や軍事など，さまざまな面で権力をもつ君主でした。そのような天皇がやってくることは，当時の人々にとって，大変栄誉なことでした。

　では，どうして天皇はチッソ水俣工場を訪問したのでしょうか。チッソの事業を紹介した『日本窒素肥料事業大観』（1937年）には，電気化学事業の優秀さを天皇に説明したこと，行幸（天皇の訪問）は「当社無上の光栄」だったと記されています。先端企業としてのチッソの存在が浮かび上がります。チッソ

図2　水俣駅とチッソ水俣工場

図3　天皇の行幸
左から二人目が昭和天皇。

※1　水俣駅は1926年に開設され、長く国鉄（現JR九州）鹿児島本線の駅だったが、九州新幹線開業を機に第三セクターである肥薩おれんじ鉄道へ移管。

※2　野口遵（1873〜1944年）　帝国大学電気工学科卒。チッソを創業し、電気化学による窒素肥料の製造で財を成し、朝鮮や中国東北部での大規模開発も行う。チッソを新興財閥（満州事変前後から軍部と提携して台頭した財閥）に育て上げ、関連企業は旭化成、積水化学工業、積水ハウスなど多数に及ぶ。

1. 水俣の風景から、何を読み取れるのだろう？ー近現代日本の濃縮地点ー　13

は，多数の子会社を従える新興財閥として躍進し，海外植民地での企業経営にも積極的でした。そのような当時の姿を象徴する1枚の写真です。

「漁民暴動」

　2枚目（図4）は，1959年の暮れに，工場排水で漁業ができなくなり，生活に窮した漁師たちがチッソの工場に押しかけた際の新聞記事です。「漁民暴動」といわれています。

　この事件の前，1956年に漁村地域に暮らす二人の幼女を含む4人が，水俣保健所に最初の「原因不明の脳症状を呈する」患者として届けられました。これが最初の水俣病公式確認とされています[※3]。

図4　「水俣病」全国報道（1959年11月3日）
あなたは，この記事からどのような印象をもつか？

はじめ「奇病」とされた水俣病について，1959年に熊本大学研究班は，原因物質として有機水銀に注目します（正式発表は63年）。同年「主因をなすものはある種の有機水銀」と厚生大臣に報告した食品衛生調査会水俣食中毒特別部会には，十分な理由説明もなく，突如解散命令が出されます。さらには，チッソ水俣工場附属病院で細川一院長が主導して行っていた猫を使った実験で，チッソの排水を含むエサを投与した猫が発症したのも同じ年のことでした[4]。すでに，漁師が押しかける前に，チッソの排水が原因であることが，強く疑われていたのです。

　図4の記事を読むと，1959年11月2日「午後1時半ごろ突然漁民のうち酒気をおびた数百人が正門のサクを飛び越えて工場内広場になだれ込んだ。漁民はこん棒や竹ぎれを振りまわして保安係詰所をはじめ厚生課事務室，配電室，研究室などに次々と投石，電話線をひきちぎるもの，こん棒で窓をたたき破るなど乱暴の限りをつくした」と報じています［『朝日新聞』1959年11月3日付］。

　報道は，なぜ漁師が「暴動」に至ったかには関心がなく，その破壊行為を批判的に伝えているのです。

　また，後に患者たちの支援をすることになるチッソの工場労働者鬼塚巌も，病気や生活苦など漁民たちの置かれている状況と自分たちを重ねることはできず，この時点では次のように「憎しみ」を抱いたといいます。

※3　1956年5月1日，チッソ水俣工場附属病院の院長細川一が水俣保健所に二人の幼児らを「奇病」として届けたことを「公式確認」とし，現在慰霊式もこの日に行われる。しかし，それ以前の発生も報告されており，あくまで行政が「公式」に把握したことに限定している。

※4　この実験により，原因として工場排水を疑うことになったが，結果はチッソ内部で伏せられた。細川の実験とその結果は，第1次訴訟（注21）の際に知られることとなった（細川一「今だからいう水俣病の真実」『文藝春秋』46-13，1968年）。

1. 水俣の風景から，何を読み取れるのだろう？―近現代日本の濃縮地点―　15

そんあと（昭和）34年（1959年）の暮ですたいな，患者やそん家族の人たちが正門にテント張って座り込みしたのはですな。そんとき自分ばっかりじゃなか，従業員としても労働組合員としてもですよ，この患者を見る目には怒り，いきどおりちゅうか，憎しみこめたもんじゃったつな。「おっどが（おれたちの）会社ばいっ壊し（うちこわし）とって，ひいては，おっどが飯茶碗ば叩き落とすとは何んことか」ち。正門通るたびにそう思いよったが，通るときにゃ，あんまり座り込みの方ば見もせん，かえって他方を見るちゅうふうに漁民ば見らんで通りよった。

(鬼塚巌『おるが水俣』現代書館，1986年，107頁)

安賃闘争

3枚目（図5）は，水俣工場正門前での座り込みの写真です。どういう人たちが写っていると思いますか。

彼らは，水俣病の患者や漁師たちではなく，労働組合に所属するチッソの工場労働者たちです。正門には「スト決行中」の立て看板が見えます。

彼ら労働者が座り込みをしたのは，1962年に会社が職場の合理化を進め，労働争議回避を前提とした安定賃金制度と早期退職を募ったことに反対をしたからでした。安賃闘争と呼ばれるこの労働争議は，当時の通商産業省や化学工業界によって国際競争力を強めるために強力に実施されていた，電気化学から石油化学への転換[5]を背景にもっていました。

チッソも，1959年に千葉県五井に石油コンビナート建設を決めていましたが，他方で石油化学への転換に向けた資本の蓄積を，他企業が撤退し始めた電

図5　安賃闘争
ロックアウト直後の正門と労働組合員。

気化学によるアセトアルデヒド増産によって行おうともしていました。そしてこの結果，有機水銀が大量に使用されて，水俣病が発生するわけです。

　このような背景をもつ安賃闘争は，同様にエネルギーの転換を機に起こった三池争議※6と並ぶ大争議でした。

　はじめ水俣病の漁民たちに「憎しみ」を抱いた労働者の鬼塚は，労働組合の一員として，今度は自分が座り込みに参加をしています。

> ロックアウトの日から毎日毎日，ヤッケ着てヘルメットかぶってな，それ

※5　チッソは，電解法など電気を利用して化学製品を製造する化学技術を確立していたが，エネルギー革命を通じて石炭から石油へ産業全体が変化する中で，石油を利用した化学技術が政策的に後押しされることになった。

※6　1959年から60年にかけて，福岡県にあった三井三池炭鉱で行われた人員整理をめぐる労働組合と会社との労働争議。同時期の安保闘争と並ぶ社会問題となった。

1．水俣の風景から，何を読み取れるのだろう？―近現代日本の濃縮地点―　17

に登山靴，これが完全装備でしてな。正門あたりでワッショイ，ワッショイ
やる——これはまたこれで楽しかったですな。会社にいかんで良かちゅう
こともあったし，生活の面では，組合が賃金の80％を保証してくれよった
からな，心配ちゅうものはなかったしな。　　　（鬼塚巌『おるが水俣』115頁）

しかし結果は，会社側の意向を反映したあっせん案が通り，翌年の3月に組合側
労働者が敗れる形で終わります。その間，水俣の町は，働く者たちだけでなく，
その家族，親戚も，会社側がつくった第二組合か，争議を維持する組合側に二分
されて，相互の近所づき合いもなくなったといいます。

自主交渉

　4枚目（図6）は，患者の立場からチッソとの自主交渉を進めた川本輝夫[7]た
ちによる座り込みのようすです。

　川本は，月浦の漁師の子どもとして生まれ，安賃闘争の時にチッソ臨時工の
職を失いました。その後，水俣病を発病した父親の看護に明け暮れ，1965年に
父親を亡くしています。

　しかし，当初父親は水俣病だとは認められませんでした。川本はそれが悔し
くて，水俣病の認定を獲得するために，医学や法律，行政の仕組みを学びました。

　川本は，水俣病の原因はチッソの工場排水と認めた1968年の政府見解，69
年の自身の水俣病認定申請却下を機に，同じように埋もれた潜在的な患者たち
の掘り起こし，さらに申請却下に対する行政不服審査請求と，さまざまな手法
で患者運動を展開しました。

図6　川本輝夫らの自主交渉
なぜ，患者たちは正門の前に座ったのか？

　これらの運動の中で，川本は，加害者であるチッソに相対(あいたい)での交渉を求めますが，チッソがこれを拒絶したことから，1971年11月1日に正門前の座り込みにふみきりました。自主交渉※8の始まりです。

　川本らの周囲には，全国から支援者※9が集まりました。その中には，安賃闘争に敗れ，5年間職場内の差別に苦しんだ末に，患者の立場に立つことを宣言した※10労働組合の労働者たちの姿もありました。

※7　川本輝夫（1931〜99年）　自主交渉派のリーダーとして，常に未認定患者運動の先頭に立ち，被害実態の解明，内外の患者団体交流，行政責任の追及を行った。水俣市議も3期務めた。主著として『水俣病誌』（世織書房，2006年）。
※8　裁判に訴える「訴訟派」とは別に，チッソ幹部と直接交渉をすることを選んだ川本たちのグループは「自主交渉派」と呼ばれた。
※9　「水俣病を告発する会」が熊本や東京など各地に立ち上げられ，「怨(おん)」の黒旗（石牟礼道子(いしむれみちこ)考案），「死民」のゼッケンをつけて闘争を支援した。
※10　1968年にチッソの労働組合が「今まで水俣病と闘い得なかったことは，正に人間として，労働者として恥」だとし，水俣病闘争への支援を宣言したもの。「恥宣言」と呼ばれる。

ようやく患者たちが立ち上がり，支援の輪が広がりましたが，一方で川本ら患者の手元には，次のような市民有志のビラが届きます。

「質問に答えてください　水俣病患者一同殿（一任派^{※11}の人たちは別です）皆さんの不幸が少しでも多く救われるように，我々市民も努力しますから，皆さんも市民としての立場を思い出して，一日も早く円満解決してもらえますか」1971年11月2日

　チッソの企業城下町であった水俣の「市民」たちは，会社と対峙した川本たち患者を，公害被害者ではなく，チッソと「市民」に対する「加害者」としてとらえたのでした。その後，ビラの内容は過激になり，患者たちを非難するものとなっていきます。

分社化

　最後に，現在の正門前のようすです（図7）。工場の看板には，チッソだけではなくJNCの文字が見えます。一つの会社に二つの社名の看板があるのは，どうしてでしょうか。チッソは，今どうなっているのでしょうか。

　政府は，半世紀以上続いた水俣病問題に対し，最終的な「解決」をはかって2009年に水俣病特別措置法^{※12}を制定しました。これにより，チッソは補償責任を有する親会社チッソと，事業を行う子会社JNCに分社化されます。

　1973年の水俣病裁判で一審敗訴の後，患者と補償協定を結んだチッソでしたが，積み重なる補償額はすぐに一民間企業の力で賄えないものとなります。そ

図7 チッソ水俣工場正門の現在
チッソとJNCの二つの社名が併記されている。

こで政府は、78年に政府引き受けの熊本県債による公的融資を行うことを決定します。補償責任完遂のために経営が成り立たないチッソを、政府は公費で維持させてきたわけですが[※13]、公式確認から半世紀の後に、補償責任をもたないJNCの誕生という形で、チッソは再編されることになったのです[※14]。

※11 厚生省のつくる第三者機関に委任することを認めたグループ。訴訟派、自主交渉派とも別で、このように患者団体は分断を余儀なくされていた。
※12 2000年代にノーモア・ミナマタ訴訟など再び大規模な国家賠償請求訴訟が起こったことを受けて、2009年「水俣病被害者の救済及び水俣病問題の解決に関する特別措置法」(いわゆる水俣病特措法)が制定され、一定基準を満たせば、患者とは認めないが一時金210万円を支払うとした。
※13 政府責任が司法の場で認められても、政府がチッソに責任を負わせ、補償費用負担のみ行うという制度設計をしたことは、福島第一原子力発電所事故における東京電力支援策と同じ構造であるという批判がある(除本理史『公害から福島を考える―地域の再生をめざして』岩波書店、2016年)。
※14 チッソの会長が分社化を念頭に「水俣病の桎梏から解放」されると述べたり、同じ人物が2018年5月1日の慰霊式の後に「救済は終わっている」と発言したことなど、その責任の取り方に疑念が向けられている。

このようにチッソ水俣工場の正門は，工場の内と外を隔てる場であるとともに，歴史的には患者や労働者がチッソと闘う戦場ともなりました。そこからはチッソの一企業の域を超えた国策との深いかかわりが見えます。チッソは，戦前に天皇が訪れるほど繁栄していた新興財閥であり，戦後も企業城下町水俣の中核でした。しかし，アセトアルデヒド製造を急ぎ，水俣病事件の加害企業となります。公的支援も国家の判断によっています。そして，現在は法律で分社化が行われたのです。

　そのチッソは，水俣の人たちにとって絶対的な存在でした。チッソの側に立つか立たないかで，生活を巻き込んだ分断を招きました。漁民暴動の際には工場の従業員と漁民との間の隔絶が，安賃闘争の際にはチッソで働く者同士の分断が，患者の座り込みの時には市民と患者との断絶が見られました。

　水俣の人たちや水俣病を知る人たちにとって，このように正門の歴史的風景は幾重にも重なって見えます。正門の前でなぜ人々がこれほどまでに対立することになったのか。なぜ，最初の漁民の訴えは「暴動」として処理されたのか。さらに掘り下げていくと，そこには差別の問題が見え隠れします。その問題を考えていくために，私たちは，最初に水俣病が発生した漁村を歩き，より深い歴史にふれてみたいと思います。

（2）漁村を歩いてみよう

●

不知火海の風景

　今，水俣の漁村を歩くと，「本当にここで水俣病が起きたのだろうか」と思う

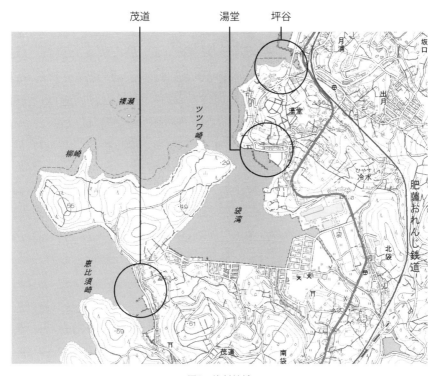

図8　漁村地域
小さな入り江に漁村が点在する。

くらい，海は穏やかで，きらきら光っています。穏やかなのは，この辺りが不知火海の内海で，風が強い日でも波が立たないからです。

　海岸は，リアス式となっており，まるで山が海へと入り込んでいるかのような姿をしています。漁師たちは，この海岸に接する林を「魚つき林」と呼んで大切にしています。というのも，その木陰から地下水が湧くため，小さなプランクトンが多く生息し，稚魚の成育の場になっているからです。

　現在の海は水銀濃度が低下し，透明度も回復してきています。海の中では，た

図9　漁師の食事風景
海辺に生きる漁師にとって，自分の手で獲った魚は，この上なくうまかった。

くさんの生き物たちも生育しています。

> あねさん，魚は天のくれらすもんでござす。天のくれらすもんをただで，わが要ると思うしことってその日を暮らす。これより上の栄華のどこにゆけばあろうかい。　　　　（石牟礼道子『苦海浄土』講談社，1969年，183頁）

ある老漁師が作家・石牟礼道子[※15]に語った言葉です。水俣病が発生する以前の海は「魚湧く海」といわれるくらい魚がたくさん獲れました。漁民たちは，自分が食べたいだけ魚を獲って，それをおかずにご飯を食べました。海の恵みを受けて生活する，それが漁村の人々の生活でした。

坪　谷

　そのような海と人との生活を一変させたのが，水俣病の発生です。

　1956年に水俣病と「公式確認」された静子と実子が暮らしていたのは，「坪
谷」という，名の通り本当に小さな水俣湾の入り江でした。

　当時，一家は家業の船大工だけでは食べていけず，生活に困窮した状況だっ
たので，父親が漁をして家族を養うようになりました。二人とも，カキとかビナ
（巻貝）を獲るのが好きで，船着き場に獲りにいって，「おいしい，おいしい」
とたくさん食べていたといいます。

　昭和31年（1956年）の4月11日，夕飯をみんなで食べていたときに，静子
がご飯をこぼしたり皿を落としたりするもんだから，父が怒って叩いたん
で，よく覚えています。それが翌朝はもっとひどくなって，足がもつれて歩
けなくなって，ようしゃべれんようになって，2，3日してもそれがずっと
つづいたんです。そして4日目ぐらいに目が痛いと泣きだして，それから目
が見えなくなるし，手がかなわなくなって靴も履けなくなる。

（栗原彬編『証言水俣病』岩波新書，2000年，30〜31頁）

それが，二人の姉が見た発病のようすでした。すでに坪谷では，猫が狂い死ぬよ

※15 石牟礼道子（1927〜2018年）　谷川雁らの同人誌『サークル村』に参加。水俣病のほか，西
　　南戦争などを題材に，民衆からの聞き書きを自身の観念をくぐらせた，すぐれた文学作品を発
　　表。水俣病の実態を『苦海浄土』として世に問うたほか，水俣病市民会議や「水俣病を告発す
　　る会」に参加し，闘争の最前線にも立ち続けた。2000年代には能「不知火」を発表。その文学
　　世界は高く評価をされている。

うすが見られており，最初は猫からの伝染病が疑われたといいます。静子は検査入院をしましたが，脊髄から水を抜かれたことが，とにかくショックで「もう，帰ろい」と繰り返しました。

さらに，続けてもう一人の妹の実子も次第にできることが減り，発病してしまいました。「靴が履けない」というのが，姉が直接聞いた最後の言葉でした。

1956年5月1日，水俣保健所に二人を含めた「奇病」が報告され，以後，市に対策委員会が設置されます。この時，入院費の関係から「伝染病」として処理され，「避病院」（伝染病隔離所）に隔離されますが，家や，見舞いに来た父親の身体を消毒されたことなどが，周囲に「伝染る」という意識を植えつけ，伝染病を出した家としてつき合いがなくなりました［岡本達明『水俣病の民衆史第2巻』］。

さらに研究のためという理由で，静子は熊本大学附属病院に移されますが，まもなく亡くなり，実子は同じく水俣病に苦しむ家族によって養われます。両親の死後は，姉夫婦が親代わりとなって長い間世話をしてきました[16]。

湯　堂

坪谷のすぐ南，真水が海中から湧く場所が湾内にあることから，この地名がついたのが湯堂集落です。ここに胎児性患者[17]の坂本しのぶと母フジエは暮らしています。

フジエの水俣病の記憶は，1956年にしのぶを出産した前後に起こった，姉の真由美の発病から始まります［山本茂雄編『愛しかる生命いだきて』，松本勉編著『水銀　第3集』］。しのぶが生後間もないころは，真由美の看病で手いっぱいで，十分にしのぶの面倒を見きれない思いでした。ただ，しのぶは汚染された魚は

食べていないから，元気で生まれた子と最初は思っていました。

　ところが半年たって，首が座らない，這おうとしないなど，やはり真由美と同じく「奇病」ではないかと思うようになります。2歳当時，医者からは小児麻痺と診断を受けますが，徐々に同じような症状の子どもたちがいることに気づき，水俣病ではないかと疑うようになります。そしてその疑いが，1962年の胎児性水俣病の医学的証明につながります。それまでのように孤立して看病をしている中では気づかなかったことです。

　しのぶは，6歳ぐらいでやっと歩くようになり，市立病院に入院し，1年遅れて小学校に入学しました。小学校は楽しく通いました。同じ水俣病の友達がいたからです。

　しかし，中学校の「特殊学級」に入学してからは，学校に行きたくないと思いました。健常者とともに学ぶ中で，教師に「お前には教えても無駄」といわれたり，同級生からの冷たい視線を感じていたからでした。それでも，できるだけみんなと一緒のことをしようと努力をしました。

　その中学時代には，水俣病裁判にかかわり，中学3年時に次章で登場する国連のストックホルム会議に参加します。また卒業式の日は，判決後のチッソとの

※16　静子は死後，解剖にふされる。母アサヲの証言「解剖台の上，父ちゃんの連れて行かったど。自分で連れて行かんばんとやった。『脳の血管のない』て，そげん先生の言わした。火葬場に私と父ちゃんと二人で連れて行たて，骨を拾うて来た。誰も来んじゃった」（1981年1月，松本勉聞き取り）。実子は2016年に新聞で現在の生活のようすが報じられた（『朝日新聞』2016年5月1日付）。

※17　母親の胎内で水銀の被害を受けた患者。原田正純（注27参照）によると，元来医学では毒物は胎盤を通らないといわれていたが，診察を受けに来た母親が，小児性麻痺と診断された子どもが胎内で水俣病になったといったことから，実態が明らかとなった（『胎児からのメッセージ─水俣・ヒロシマ・ベトナムから』実教出版，1996年）。

1. 水俣の風景から，何を読み取れるのだろう？─近現代日本の濃縮地点─　27

交渉の日で，式後すぐに東京に行きました。しのぶは，自然に世間から水俣病の象徴として扱われるようになり，水俣病とともに人生を歩んできました。2003年に，彼女はこのように高校生に語りました。

> 私は，チッソはあんなに毒を流したのに，今もあることはおかしいと思います。仕事を続けていることはおかしいと思います。30年前裁判で勝って，お金をもらったけど，病気は治らんもんね。私にとってお金はほしくなかった。普通の元気な体がほしかった。水俣病は終わったというけど，まだ水俣病が出てくる人もおるし，出水などは未認定の人がたくさんいます。私にとって水俣病に終わりはありません。
>
> （松本勉編著『水銀　第3集』碧楽出版，2004年，90頁）

しのぶのように水俣病と生きる胎児性患者の存在がある一方で，実は水銀汚染による多くの死産・流産もありました。ある産婆（助産師）は，死産となってしまった子どもの父親が「あがん苦しまんなんなら，うちん子は死んで幸せだったばい」と話したのを聞いたといいます[18]。

　あなたはこの言葉に対して，どのような返答ができますか。

　胎児性患者たちが，人間らしく，自分らしく生きるためには，福祉や教育などの仕組みや保障が必要です。この父親の言葉からは，社会にはそれらが整っているのか，そう問われているように，私は感じます。

茂　道

　鹿児島県との県境に茂道という集落があります。茂道の中に杉本家[19]は暮らしています。この一家は，もともと網元[20]で，多くの網子を家族のように抱えていました。

　そのような一家と集落の在り方が一変するのも，水俣病の発生が原因でした。「漁民暴動」の1959年，杉本家では栄子の母親が最初に発病しました。ラジオでの報道をきっかけに，周囲の人々は伝染性の奇病ととらえ，差別をしました。

　娘の栄子は，母への仕打ちが悔しくて，差別した相手に仕返しをしたいと思っていました。しかし，そのことへの父・進の発言は意外なものでした。

> 「仕方んなかがね。どうせ死ぬとなら，人ばいじめて死ぬよりもいじめられて死んだほうがよかがね」ち。そして，「人様は変えならんとやっで（変えられないから），自分が変わっていけばよかがね」ち，父の答えがそげんだったです。
>
> 　　　　　　　　　　　　　　　　　（栗原彬編『証言水俣病』136頁）

あなたなら，この言葉をどう受け止めますか。この時の栄子は，なぜ父親がそのようにいうのか分からず，とても受け止められる気持ちにはなりませんでした。

※18　水俣病の死産・流産と向き合った板井八重子の伝記（矢吹紀人『水俣胎児との約束―医師板井八重子が受けとったいのちのメッセージ』大月書店，2006年）から。

※19　現在は杉本肇らが生活しているが，父・雄，母・栄子の経験をここでは中心に述べる。

※20　生産手段となる網や船などを所有する網元（網親）に対し，生産手段をもたずそのもとで働く者たちを網子という。

1. 水俣の風景から，何を読み取れるのだろう？―近現代日本の濃縮地点―　29

図10　杉本雄・栄子と子どもたち
1970年代半ば，第1次訴訟後の杉本一家。

　その父親は，1968年の政府による公害認定の後，誰が悪いのかをはっきりさせたいと，チッソを訴える第1次訴訟※21を起こします。しかし，そのすぐ後の69年に水俣病で亡くなります。
　集落の人たちや親族からも差別を受ける中で，ただ一人逃げずに一緒にいてくれたのが，後に夫となる雄(たけし)でした。二人は結婚し，5人の子どもに恵まれます。栄子と雄は，進の後を継いで訴訟を闘いますが，自身も水俣病とも闘わざるを得ない日々を送りました。
　1973年，患者たちは第1次訴訟に勝利しました。その後，栄子は集落の人たちと話をしたいと「栄子食堂」を集落内に開きます。ここを訪れ，次第に心を開いた集落の人々は「ごめんな，ごめんな」とわびたといいます。しかし，そのような差別する側に回った彼らの多くもまた，水俣病に侵されていたのです。
　栄子は，このような体験を通じて，ようやく父親が発した言葉の意味を，深く理解するようになりました。

図11 茂道の風景
杉本家の漁船の背後には森が海に沈み込むようなリアス式海岸が見える。

　私は，栄子の言葉を聞くと，自然の中で生きる人間の姿が，茂道の風景とともに浮かび上がってくる思いがします。
　栄子は，「水俣病はのさり」といいました。「のさり」とは「天からの授かりもの」といった意味で，漁師が大漁だった時などに使う言葉です。自分を苦しめた水俣病ですが，自分の生き方をつくったとして，こういったのです。また，自分を苦しめた海ですが，漁を再開し，海と語らう日々を送ることで「海は治療場」とも感じるようになります。
　同じように，水俣病の経験から自分の生き方を問い直した人に，漁師の緒方

※21　患者と家族29世帯112人が1969年にチッソに対して熊本地裁に起こした訴訟。原告団長の渡辺栄蔵は，企業城下町でチッソを提訴する決意として「私たちは国家権力に立ち向かうことになった」と述べた。73年に，チッソの過失を認めた判決に基づき，患者と家族は，チッソと補償協定（補償金1600万〜1800万円など）を結んだ。その後も30以上の裁判が提訴され，国家賠償責任も問われてきた。

1．水俣の風景から，何を読み取れるのだろう？―近現代日本の濃縮地点―　31

正人[※22]がいます。緒方は，激しい認定闘争の末に「チッソはもう一人の私」という考えに至り，まったく異なる次元の闘いへと入っていきました。

> この40年の暮らしの中で，私自身が車を買い求め，運転するようになり，家にはテレビがあり，冷蔵庫があり，そして仕事ではプラスチックの船に乗っているわけです。いわばチッソのような化学工場が作った材料で作られたモノが，家の中にもたくさんあるわけです。……水俣病事件に限定すればチッソという会社に責任がありますけれども，時代の中ではすでに私たちも「もう一人のチッソ」なのです。
>
> （緒方正人『チッソは私であった』葦書房，2001年，49頁）

彼らの思想は，水俣病の受難を自分の人生の中で昇華させたものとして，最も究極的なものといえます。そして，二人には漁師の世界観という共通点があります。

漁師は海だけを大切にしているわけではありません。栄子は，茂道の港に鎮座する恵比須神をとても大切にしていましたが，同時に，山の神への感謝も忘れませんでした。「漁師はきれいな水を大切にする」といっていましたが，それは山や川を大切にすることでもありました。

一人の人間の思想が，生活する世界を形づくり，まるで思想が風景の中にとけ込んでいるような感覚に，私はとらわれるのです。

栄子は2008年に亡くなります。夫・雄も，15年に亡くなりました。

今，茂道には彼らの息子である肇と実が，漁をして暮らしています。彼らもまた，子どもの時水俣病に苦しめられました。そういう経験をしてきた彼らも，どんな時にも笑顔を絶やさないという両親の想いを引き継ぎ，ある時は語り部として，またある時は「やうちブラザーズ」というコミックバンドとして，活動をしています[23]。

　茂道の風景と，杉本家の歴史の中には，身近な人間関係の中に生まれた，苦しみと喜びが詰まっています。

「天草者」

　ところで，どうして被害者は，ここまで差別を受け続けたのでしょうか。

　それは，ここで紹介した漁民たちの多くが，不知火海対岸の天草から，生活のために渡ってきた移民（「流れ」）だったこととかかわっているとされます。

　1970年代の聞き取りの中で水俣の古老は「天草者ば嫁御共持てば，貶よりましたっですたい」「ばってン，天草者な精出しよりましたー。そうして，力の強か事が，生魚ば沢山食べとりますもンじゃっでな」「苦労しとられますと，天草ン人たちはねえ」［岡本達明編『近代民衆の記録7　漁民』新人物往来社，1978年，228頁］と述べています。ここには，天草者への軽蔑と，そのたくましさに対する敬意といった，入り組んだ心境が見えます。

---

[22] 緒方正人（1953年〜）　熊本県葦北郡女島の網元。川本輝夫ら自主交渉派の闘士として患者の未認定問題に取り組み，「チッソはもう一人の私」という境地に至った。

[23] 第1次訴訟や病気で両親が不在がちだったので，肇は弟たちを養うために小学生ながら漁に出続けた。青年期は「水俣病」と距離を取りたく，水俣から離れたが，体調を崩したことをきっかけに水俣に戻り，漁に取り組んでいる。やうちブラザーズは，肇たちが親戚（やうち）でつくったコミックバンドで，インターネットの動画サイトなどでその姿が見られる。

他方，チッソに勤めている工員は，「会社行きさん」と呼ばれ，一段高く見られていました。地域の支配構造の末端に位置づく漁民たちだったからこそ，チッソは漁民たちの生活補償にきちんと向き合いませんでした。そして，その漁民たちが，チッソを守ろうとする地域社会による抑え込みに抗し，立ち上がったのが第1次訴訟だったのです。

　このような差別の問題を，私たちは立ち止まって考えてみると，人間の本質に迫る，より深い問題にも気づきます。

　生き物のいのちを取って食べるのは人間の性(さが)です。漁師は，自然に最も近いところで生活をすることで，そのことをはっきりと自覚していました。ただ，残念ながら最も近いからこそ「いのちの連鎖」である食物連鎖を介して，最初の犠牲者にもなったのです。

　そして，自然から隔たった社会に暮らす町の人間が漁師を差別し，「海が汚れた」といいました。杉本栄子は，人々は「海が汚れた」というが，「海は自分の支えだった」といいます。

　はたして，あなたはどちらの表現を選ぶでしょうか。この二つの言葉からは，私たちが自然とどういう関係を結んでいるのかがよく分かります。しばしば忘れがちですが，食べ物や，生き物のいのちを介して，私たち人間は自然を含めた世界とつながっている存在なのです。

　水俣の漁村の風景からは，そこに生活する人々にとって水俣病とはどのようなものだったのか，自然と人間との営みはどのようなものだったのか，私たちは繰り返す波のように問いかけられました。

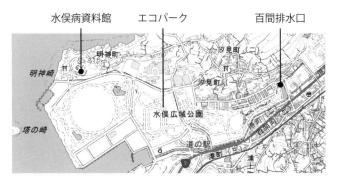

図12　エコパーク周辺

（3）慰霊碑の意味を考えてみよう

●

　ところが，これとは逆に水俣病の「震源地」からは，水俣病の記憶を呼び覚ますことが困難です。というのも，そこは現在まったく異なる風景となっているからです。
　次に，「埋め立て」られた風景を歩き，そこにたたずむ「慰霊碑」の意味を考えてみましょう。

エコパーク

　湯堂などの漁村と，チッソの工場との間に，エコパークという広大な公園があります。休みの日には運動場でスポーツをしたり，花を楽しんだりする市民の姿が見られます。
　ただ，ここは普通の公園ではありません。1990年に，公害防止事業の一環として，約13年と485億円を費やし，それまで仕切り網で閉鎖していた水俣湾の

一部を埋め立て，できた場所なのです。

　地面の下には，高濃度の水銀汚染ヘドロと，ミンチ状に刻まれた魚が，ドラム缶に詰め込まれて埋められました。ビニールで水銀残渣（残りかす）が出ないようにしていますが，いつ汚染廃棄物が海中に染み出るか分からないというリスクもあります。

　この埋立地の東端には「百間排水口」と呼ばれる場所があり，チッソはここから有機水銀入りの排水を水俣湾に流していました。しかし，1958年に水俣病の原因としてチッソの工場排水が疑われると，水俣川の河口部分に排水口を移します。その翌年，再度水俣湾への排水を開始します。68年の排水停止まで，70〜150トンの水銀が排出されたと考えられています。また当時，この水俣湾に大型船がとまる港が建設されていました。これらの過程で，海底の水銀残渣がかき混ぜられ，高濃度の水銀が不知火海に広がる大きな要因になったとも考えられます。

明神の海

　埋立地のすぐ北には，自然地形である明神崎が見えます。

　この明神の先端部分に，多くの人が訪れる水俣病資料館があります。そして，すぐ近所には資料館で水俣病を語り継ぐ活動を続けている吉永利夫・理巳子が暮らしています。

　理巳子は，この明神崎で生まれ育ちました。お話を伺うと，子どものころはまだ埋め立てられておらず，水俣湾の深部は馬刀潟と呼ばれる，小さなカニや貝が育つ干潟だったそうです。しかし，その海岸が埋め立てられ，姿を消しました。埋め立て事業は，故郷の風景を喪失させることともなったのです。

図13　明神の在りし日の姿
家から近い浜辺は子どもの遊び場だった。

　理巳子は,祖父母や父親を水俣病で亡くしています。そして,若いころは家族に患者がいることを,友達にもいうことができませんでした。差別を恐れ,家族の記憶も話してはならないものと思っていました。そのように患者家族の心の中にも,差別は影を落としていました。

親水護岸
　1990年代前半,エコパークを,水俣病を記憶する場へと変えていく取り組みが行われました。
　ちょうど同じころ,水俣市では「もやい直し」※24という,長い事件史の中で対立を重ねた患者と市民,市民同士の悪化した関係を修復する取り組みも行われるようになりました。

※24　吉井正澄市長が初めて行政としての責任を認めて謝罪。「もやい直しの始めとしたい」と宣言をした。

図14　親水護岸の魂石
チッソの元労働者が患者を背負う姿をみずから彫り上げた。

　1994年の第1回「火のまつり」で白装束(しろしょうぞく)を着た杉本栄子は,「おどん(私)が魚じゃった時の話ばい」と魚の気持ちになって語りかけました。

あんたの立っとらす／そこん……そこの／足下に　おどんが埋められとっと／知っとっとかな／知ってもらいたか／おどんも早う土になろうごたっと／ばってんまだなり切れんと／納得できたとき土になろうち思う／納得でけん時は化けてでるかも知れんとばい／おっどま「ごめんなさい」ち言うて／もらうためじゃなか／「あんたたち　あんたたちの　お陰さまです」……ち／思い出してもらいたか／そうそう……祈りの言葉は／「ありがとう」たい／「ありがとう」ち言うてもらいたか。
　　　　　　　(土本典昭(つちもとのりあき)監督『みなまた日記―甦(よみが)える魂を訪ねて』2004年作品)

なぜ，魚たちは「ありがとう」といってもらいたいのでしょうか。

　今，親水護岸を歩くと，たくさんの魂石が海を向いていることに気づきます。
これらの魂石は，本願の会※25に集まった患者や支援者たちが水俣病を忘れな
いために彫ったものです。その中には，杉本栄子が彫った魂石，家族の水俣病を
受け入れられなかったころの想いを彫った吉永理巳子の魂石，患者を背負う自
身の姿を彫った元チッソ労働者山下善寛の魂石などもあります。
　魂石たちは，どのような想いで，海を見ているのでしょうか。

「環境モデル都市」

　水俣病を記憶することが過去に対する取り組みだとすると，水俣病の経験を
未来に生かす取り組みとして，「環境モデル都市」事業があります。同じく1990
年代以降に始まり，日本のみならずアジアからも注目されているものです。

　その一環として行われている「みなまたエコタウン」のリサイクルやリユー
スの取り組みは，水俣市の高度なゴミ減量とも結びつき，企業モデルにもなっ
ています。学校や企業で環境ISO※26に取り組む活動も活発です。そのほか，環境
マイスター制度など，多様な環境保全やそれを推進する取り組みを行いました。
ゴミの分別などは全国の自治体でも行っていますが，比べてみると，水俣市の

※25　緒方正人，杉本栄子らが，水俣病をめぐる魂の救いを，宗教に頼らない形で実現しようと，
　　　1994年に設立。魂石の制作が活動の中心。

※26　持続可能な開発を目指し，国際標準化機構（ISO）が，組織の活動などによって生じる環境へ
　　　の影響を持続的に改善する環境マネジメントシステムの構築などをもとに発行した国際規格
　　　（ISO14001が中心）。学校版の場合，ゴミ分別や無駄な灯りを消すなどの項目を作成して実践
　　　し，その記録を評価，見直しながら継続的に取り組むことになる。

図15 水俣病慰霊碑
この慰霊碑は，公式確認50周年の節目に水俣市でつくられた行政や患者・市民などによる検討委員会で，文面や，在り方について検討され設置された。

場合は市民の意識が高いという印象を受けます。

これらの活動の結果として，自治体とNGOの取り組みが評価され，水俣市は2011年度に，最初の「日本の環境首都」として認定も受けました。これからも歴史に向き合い，水俣病の経験に深く学ぶことが，取り組みを意義づける際に大切になっていくと思います。

慰霊碑

発生から半世紀以上たった今，人類にとって水俣病の経験とはどういう意味をもったのかを考える教訓化が進んでいるといえます。

かつて原田正純[※27]は，水俣病が普遍的な意味をもって「公害の原点」といわれているのには，二つの理由があると述べました。一つは，有害物質の直接的摂取ではなく，環境汚染の結果，食物連鎖を通じてメチル水銀が生物濃縮を重ね，

食物連鎖の頂点にいる人間に被害を与えるという，このメカニズムがはっきりと示された点で注目されたことです。もう一つの理由は「胎盤は毒物を通さない」という当時の医学的常識を裏切り，母親の胎内で水銀の被害を受けた胎児性水俣病の存在にあります。胎児にとって「子宮は環境」であり，その汚染を受けつつ産まれた強い生命力をもつ存在が胎児性患者だといいます。未知の現象を明らかにしてきた経験は，確かに教訓に満ちています。

　水俣病の経験を後世に残すものとして，公式確認50周年（2006年）に際し，親水護岸に慰霊碑が立ちました。その下には，認定患者の名簿が納められています。しかし，認定されていない患者は含まれていません。また，認定患者の家族の中でも，差別を恐れて名前を書き入れることを断った人もいたといいます。このことから分かるように，教訓化以前に，差別はいまだ終わっていないという事実もまた，ふまえないといけません。

　水俣病の普遍的な意味は，現代社会に大きな問いかけをしています。何を問いかけているのか，次章では患者や水俣病にかかわった人たちの同時代的な経験に着目して，考えていきたいと思います。

※27 原田正純（1934〜2012年）　熊本大学医学部で水俣病研究に従事し，胎児性水俣病の発見などを行う。患者との深い交流を続けながら，水俣病から多くのことを学び「水俣学」を提唱する。転出した先の熊本学園大学に水俣学研究センターを設立した。水俣病関連著書は，『水俣病』（岩波新書，1972年），『水俣の赤い海』（フレーベル館，1986年）など多数。

| レッスン |

①慰霊碑（40頁, 図15）に書かれた「二度とこの悲劇は繰り返しません」の「悲劇」とは，水俣病により人間や生物がいのちをなくした事実に加え，どのような事実を含めることができるでしょうか。本章を読んで，あなたの考えを述べてみましょう。

※参考資料：水俣病資料館のHP 学習資料（http://www.minamata195651.jp/list.html）

②次頁の資料を見て，この章で読んだ内容と合わせて考えた時，どのような共通点や相違点をいうことができるでしょうか。

※参考資料：成元哲編著『終わらない被災の時間─原発事故が福島県中通りの親子に与える影響』（石風社, 2015年）

資料：福島第一原発事故後の福島県民アンケート

［朝日新聞・福島放送共同世論調査（『朝日新聞』2017年3月3日付）抜粋］

※数字は％

◆東京電力の原子力発電所に関する情報公開についてうかがいます。東京電力の情報公開に対する姿勢を，どの程度評価しますか。（択一）

大いに評価する	2	ある程度評価する	16
あまり評価しない	57	まったく評価しない	24

◆東京電力・福島第一原発の廃炉や賠償などへの費用は，20兆円を超すまでふくらんでいます。その費用の一部について，政府は，電気料金へのさらなる上乗せなど，国民負担を増やしてまかなう方針です。この方針に，納得できますか。

納得できる	19	納得できない	76

◆福島県全体で，元のような暮らしができるのは，今からどのくらい先になると思いますか。（択一）

5年ぐらい	7	10年ぐらい	16
20年ぐらい	21	20年より先	50

◆福島第一原発の事故による放射性物質があなたやご家族に与える影響について，どの程度不安を感じていますか。（択一）

大いに感じている	19	ある程度感じている	44
あまり感じていない	28	まったく感じていない	7

◆福島第一原発事故のあと，福島県民であることで，差別されていると感じることがありますか。

ある	30	ない	66

1. 水俣の風景から，何を読み取れるのだろう？―近現代日本の濃縮地点― 43

2.「公害地図」を押し広げる，世界の環境問題と出会う

（1） 患者たちと旅に出よう

●

「旅」と「公害地図」

　第1章で見た水俣が，今MINAMATAとして世界に知られていることをご存知でしょうか。知っている人は少ないでしょう。実は，水俣病をはじめとする公害問題に向き合った人たちにも，最初それはよく分からなかったのです。しかし，彼らはそれを「旅」の中で体得していきました。ですから，公害患者や支援者たちが，どこで，何に，どう気づいたのか，読者のみなさんと一緒に「旅」に出たいと思うのです。

　そもそも，1970年前後の人々にとって，公害問題と向き合うこと自体が「旅」でした。公害研究者の本を手に取ると，私たちは「旅」や「地図」と表現しているものが多いことに気づきます。たとえば，宇井 純[※1]『住民を結ぶ旅』，原田正純『水俣病にまなぶ旅』というように。早い段階から公害問題について取り組んできた都留重人[※2]は，まだ全貌が明らかにならない公害の研究は，現地を旅して調査をする必要があり，他の地域と比べることで新しい理解になってい

※1　宇井純（1932～2006年）　大学卒業後，化学メーカーの日本ゼオンの技術者となる。東京大学で研究を再開し，21年間同大学助手を務めた。その傍ら，公開自主講座「公害原論」を主宰。後，沖縄大学に転じる。日本ゼオン時代に水俣を訪れ，富田八郎のペンネームで『技術研究』に水俣病の連載をして，問題が広く知られることとなる。主著『公害の政治学—水俣病を追って』（三省堂，1968年），『公害原論』（亜紀書房，1971年）など。

※2　都留重人（1912～2006年）　戦前，ハーバード大学で経済学を学び，戦後，GHQ経済科学局経済顧問や，片山哲内閣の経済安定本部総合調整委員会副委員長を務め，一橋大学教授となる。1963年公害研究委員会設立。71年『公害研究』創刊。国際的な人脈をもち，「公害の政治経済学」を提唱した。

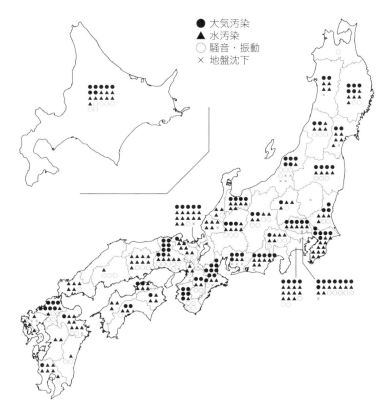

図16　日本の公害地図（1961年11月〜62年10月）
「公害」が社会問題化する早い時期に作成された「公害地図」。水俣はどう描かれているか？

く。公害研究は，そのような「公害地図」づくりの「旅」だったといいます［都留重人『世界の公害地図　上』岩波新書，1977年，「まえがき」］。

　そこで「水俣病」の歴史を旅する私たちは，今は忘れられた「公害地図」を次のようにとらえてみたいと思います。一つ目は，地図に描かれた一つひとつの地域に注目し，なぜ水俣病が起こったのか考えます。これは，地域の社会状況や歴史について理解を深めることになります。二つ目に，それぞれの地域をつ

なごうとした人々の行動に着目したいと思います。「公害」という未知のものを知の対象とするために，越境した人々の動きをグローバルにとらえます。「公害地図」は，その時々の人々の「公害」認識を表すものです。旅の最後に，あなたならどのような「公害地図」を描くのか，考えながら読んでみてください。

ストックホルムへ

さて，この旅の起点を，1972年のスウェーデン，ストックホルムに置きたいと思います。

この年，ストックホルムでは国連人間環境会議[※3]が開かれることになっていました。114か国が参加し，各国から200以上の民間組織が集結しました。日本政府は，前年に設置されたばかりの環境庁の長官大石武一を派遣することを決め，外務省国際連合局が政府レポートを準備していました。

ところが，東京大学の助手で，自主講座「公害原論」[※4]を開催していた宇井純は，そのレポートの内容を知り，これは「被害者不在の公害報告」だととらえました。「政府は公害の現状についてはまったく書かず，対策についてのみ詳しく記述している」「これでは日本の実情はほとんど外国に伝わるまい」と批判します[『自主講座』10，1972年]。そして自主講座の学生たちと，約20の事件を事例としてあげた独自のレポート『POLLUTED JAPAN（汚された日本）』を作成し，

※3　「かけがえのない地球」がスローガン。会議では先進国と途上国の認識の違いが浮き彫りとなった（第3章（2），80頁参照）。会議後，国連環境計画（UNEP，第3章注20参照）が創設される。

※4　宇井純が，東京大学は公害を発生させた企業か，それを擁護する政府に人材を提供していると批判し，1970年に空き教室を拠点に，市民に開かれた非正規の講座として自主講座を始めた。宇井が東大を去る1986年まで続き，住民運動，反公害輸出運動，反核運動などさまざまな社会運動の拠点となる。現在，立教大学共生社会研究センターに宇井純史料が保存されている。

2.「公害地図」を押し広げる，世界の環境問題と出会う　47

図17　ストックホルムに到着した患者たち
『告発』は,「水俣病を告発する会」の機関誌。右から浜元二徳,坂本フジエ,坂本しのぶ。

図18　記者会見に挑む
中学生だった坂本しのぶの心境はどのようなものだったのだろう?

ストックホルムに届けようとしたのです。

　さらに宇井は，奇抜な発想をもち出しました。それは，公害被害者に会議への参加を呼びかけるというものです。国内では第1次訴訟や自主交渉のさなかで，被害者は困難な闘いの前線にいました。その被害者の姿を通じて，世界に日本の公害を知らせようと考えたのです。

　水俣病患者である浜元二徳と坂本しのぶは，この宇井の訴えにこたえることにしました。同年6月4日，カネミ油症※5の患者を含め，15人の日本の公害被害者代表団は，ストックホルムの空港に到着しました。当時の新聞［『朝日新聞』1972年6月5日付］によると，浜元は杖にすがって足を引きずり，中学生のしのぶは母に手をひかれ，空港に現れました。「MINAMATA」「KOGAI HANTAI」と書いたゼッケンを胸にした彼らと，出迎えた「怨」の黒い旗を見て，空港にいた人々は一斉に足を止めました。

　記者会見で浜元は，「公害の恐ろしさと人間の生命の尊さを知ってもらうためにぼくも，しのぶちゃんも不自由なからだでやってきました」と述べました。外国人記者たちは「単なる知識と実物を目にするのとはこうも違うのか」と漏らしたといいます。

※5　1968年，カネミ倉庫社製の食用油に，ポリ塩化ビフェニルなどが混入して，西日本を中心に広範囲に発生した食中毒事件。吹き出物や倦怠感など，長期的に多様な症状が現れる。

「公害／環境問題」の結節点

翌5日，代表団は市民団体「大同会議」[※6]による「人民広場」（自主人間環境会議）に参加しました。

この日は「日本デー」と位置づけられ，水俣病の映画の上映，宇井純のスピーチ，原田正純の胎児性患者についての解説と続きました。そして，浜元と坂本しのぶ，母フジエは世界に向けて報告することになったのです。

ただ，中学生だった坂本しのぶの心は，複雑でした。同行したアイリーン・M・スミス[※7]は，次のようなしのぶの言葉を聞き書きしています。

> ストックホルムへ行ったのはみんなが知ってもらいたい…　みんな私のごたっとは見たことのなかち思うとよ。ほんと…おら，あんまり行きたくなかったもん…あんまり…ばってん，みんなのために…行った…ほんとに行ったよかだったち思った。つらかったっち…ばってん…ちっとは，わかったち思うよ。お母さんも泣いて言うたもん。（W・ユージン・スミス，アイリーン・M・スミス／中尾ハジメ訳『写真集　水俣』三一書房，1980 [1975] 年，162頁）

母親フジエは，しのぶに「隠れず前に出なさい」と強く求めました。それは，公害を世界に告発する使命感と，しのぶに障がいによる劣等感をもってほしくない，という思いからでした。

多くの患者にとって，慣れない長旅と，わが身をさらす体験は，望ましいものではなかったはずです。しかし，参加した会議は，参加者にとって初めてお互い

の状況を知り，それぞれ独自の文脈で歩んできた運動が合流する機会となります。

　浜元はスウェーデン政府の環境保護の取り組みを見て「日本なあち，われわれ公害患者，ならびに公害に悩む地域住民が，ああじゃこうじゃと，いっしょうけんめい運動して，やっと政府も動くというような態度に，もう残念なくてたまりませんでした」［『自主講座』17，1972年］と述べました。一方，ストックホルムの学生は「なぜ日本の企業は今まで公害をたれ流ししてきたのか」「政府は何をしていたのか」と質問したといいます［横山桂次「ストックホルムからのたより」『市民』9，1972年］。このような違いの背景には，企業が起こす同じような公害を，政治や社会がそもそも犯罪とみなすかどうかの差があります。運動家同士が合流することで，各国で公害や環境汚染といった問題，あるいは運動家が置かれている状況が分かったのです。

対抗文化の構図

　この時，公害が多様な社会運動と結びつき，世界規模で反対運動が高まったのは，広くとらえれば1970年前後の世界史的変化があったからです。既存の価値観や体制に疑問をもち，対抗文化を立ち上げる動きが世界各地で起きており，

※6　1969年設立。大同（DAI DONG）とは，古代中国の「人の家族は，彼の家族であるばかりでなく，また子どもたちも彼の子どもであるばかりでなく，全世界が彼の家族であり，全ての子どもたちは彼のものである」という世界認識に基づく。72年6月2日に戦争は最も深刻な環境問題という内容を含む7項目の「環境宣言」を採択していた。

※7　アイリーン・M・スミス（1950年〜）『ライフ』などで活躍していたアメリカの写真家ユージン・スミス（1918〜78年）とともに，1971〜74年の間水俣に移り住み，『写真集　水俣』を刊行。現在，反原発NGOグリーンアクションの代表。

2.「公害地図」を押し広げる，世界の環境問題と出会う　51

公害もその構図の中に位置づきました（詳しくは第3章）。

構図の中核には，ベトナム反戦運動[※8]があります。たとえば，患者らが参加した大同会議は，1969年にベトナム反戦運動に取り組んだ人々が，パリで平和，環境，貧困の問題に取り組むためにつくったばかりの組織でした。彼らは政府会議が最大の環境破壊であるベトナム戦争を取り上げないことを批判しました。このような視点は日本の公害闘争から見ると新鮮なものでした。

そのパリでは，前年に五月革命[※9]が勃発するなど，学生運動や反戦運動をはじめとしたさまざまな社会運動が起こっていました。この点も日本と共通しており，水俣病の支援に参加した人々には，学生運動にかかわっていた人がたくさんいました。

その一人，栁田耕一[※10]は，1970年に東京の大学に入学し，患者支援団体である「水俣病を告発する会」の活動にのめり込んでいきます。大学を「自主卒業」した後，73年，水俣病第1次訴訟を終えた患者たちと支援者による「もう一つのこの世（じゃなかしゃば）」をつくるための共同体組織水俣病センター相思

図19　栁田耕一
相思社の中心メンバーとして無農薬栽培や水俣病を伝える活動に取り組んだ。

社を創設し，無農薬の甘夏やきのこづくりなどを始めていきます。このように1970年代前後には，先鋭的な文化や，効率を求めない価値観が，水俣病とまじり合い，独自の表現活動が生まれていきます[11]。

　これまでにない「患者が旅する」というアクティブさや，「公害」がより広い運動や文化とつながるという構図は，水俣病の公害地図を世界規模のものにしていくのです。

（2）カナダで水俣病？

●

カナダから

　水俣病の公害地図の第2地点は，北アメリカ大陸のカナダです。

　宇井純は，1年に及ぶヨーロッパの旅の後の1969年に，世界各地で進行する公害の状況を比較調査するようなチームが日本の科学者によってつくれないかと考えていました。その壮大な計画は，しばらく頓挫しましたが，新聞社の支援

※8　ベトナム戦争の長期化の中で，1960年代後半から学生らによる反戦集会が世界各地で開かれ，68年のテト攻勢によりアメリカにベトナム撤退を強く求めるようになる。

※9　1968年にド・ゴール政権が行う教育政策に反発するパリの大学生たちが起こした暴動をきっかけとして，政権が崩壊。学生運動が世界に広がるきっかけとなる。

※10　柳田耕一（1950年〜）　相思社の設立メンバー。水俣生活学校や「水俣大学を創る会」などに携わることで水俣からの学びについて考え，日本社会の現状を「チッソ型社会」として批判をする。主著『水俣そしてチェルノブイリ―私の同時代ノート』（径書房，1988年）。

※11　石牟礼道子の文学，土本典昭のドキュメンタリー映画，桑原史成を先駆者とする塩田武史，宮本成美，小柴一良，芥川仁らの写真，丸木位里・俊らの絵画，砂田明の演劇，黒坂正文（それを受け継ぐ柏木敏治）らのフォークソングなどが代表的なものとしてある。

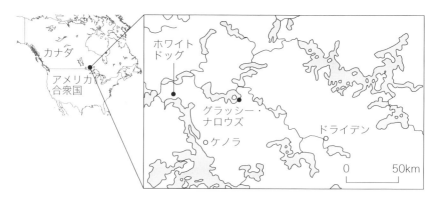

図20　グラッシー・ナロウズとホワイトドッグ
森林地帯を川と湖が縫うように存在している。

図21　アイリーン・M・スミス
カナダの先住民リザーブ（居留地）訪問の時。右がアイリーン，左が浜元二徳。

を得て，75年に世界環境調査団※12として実現します。

　世界環境調査団が最初に調査の対象としたのは，カナダのオンタリオ州ケノラ市郊外グラッシー・ナロウズ（Grassy Narrows）とホワイトドッグ（Whitedog）という場所で発生した，先住民居留地の水銀中毒事件でした。この地域では，森の中に湖や川が広がり，そのほとりに先住民のアニシナベ※13が，採集生活を基調とした生活をしていました。夏にはウォールアイなどの淡水魚や動物を獲り，冬にはアイス・フィッシングで魚を得ました。しかし，水系上流のドライデン化学（Dryden Chemical）という会社のパルプ工場が，苛性ソーダ精製過程で使用した水銀を流出させ，水系の生き物に水銀汚染を発生させました※14。被害を受けた魚を介して，アニシナベにメチル水銀中毒が発生していたのです。

　そのことを調査団のメンバーに知らせたのは，アイリーン・M・スミスです。アイリーンは，観光ロッジを営むオーナーから相談をもちかけられ，現地を調査し，「当地の状況は，水俣で繰り返された愚行と驚くほど酷似しており，同じ手口で汚染のもみ消し工作も行われている」という手紙を送ったのです。水俣で起こったことが，別の場所で，同じく人間に起こっている。まるで，世界は「隔離箱」の中にあるみたいだ，とアイリーンは感じていました。

※12　水銀汚染を中心とした公害一般を調査するチームと，アメリカや西欧の都市公害を中心とする調査を行うチームの二つを組織し，前者のメンバーには，宮本憲一を団長に，原田正純，宇井純，唐木清志（中日新聞記者）が加わった。その報告は，都留重人ほか『現地に見る世界の公害』（中日東京本社東京新聞出版局，1975年）にまとめられた。

※13　日本の文献では「カナダ・インディアン」という名称が多く使われている。ここでは「大平原の民」を意味する自称を採用した（森下直紀「カナダ水俣病事件の現在」『いま何が問われているか』）。

※14　日本でのパルプ製造に伴う水銀汚染問題に，石狩川の水銀汚染がある。

1975年に世界環境調査団は，カナダの全国インディアン協会（NIB）の要請にもこたえ，3月と，さらに研究者を増やした8月の2回，カナダを訪問しました。その報告が『公害研究』という雑誌に掲載されています［「特集：カナダ・インディアン水銀中毒事件」『公害研究』5-3，1976年］。団長の宮本憲一※15は，この報告の巻頭論文で，カナダの事例の争点として被害実態，原因追及，救済問題という三つの問題をあげています。この三つの問題に即して，調査団の活動により，「水俣病」の理解がどう深まっていったかを見たいと思います。

被害実態

　被害実態の調査では，すでに血中の水銀濃度の高い住民が確認され，毛髪水銀調査や猫の解剖などでも水銀汚染が確認できました。健康調査でも水俣病の疑いが見られました。

　しかし，カナダ連邦政府は住民の健康被害の原因をアルコール中毒に求めており，医療関係者も水俣病と判断していませんでした。原田正純は，論文の中で「現在世界中の水銀研究者が水俣で1960年代まで考えられていたように典型的，重症なハンター・ラッセルの報告※16に忠実な例だけを水俣病と考えているからである」と述べています※17［『公害研究』5-3］。日本の水俣病は，患者の認定問題にかかわっていたので，典型症例に適合するかどうかで水俣病かを判断していました。しかし，カナダの事例は，水銀被害には多様な症状があることや，微量汚染の影響をどうとらえるか，といった新しい「水俣病」像を求めることになりました。

56

原因追及

原因に関しては，調査時点でドライデン化学が十分に疑われていました。しかし，州政府はドライデン化学を訴えることを避けているようでした。

宮本憲一は「原因を不明にすることによって，リード独占体を援助し，インディアンを孤立させていることはまちがいない」と述べています。親会社リード製紙は，イギリスに本社があるグローバル企業であり，森林資源が豊富なカナダに製紙工場をつくっていました。宮本は，行政が立場の弱いアニシナベの側に立たなければ，公正は守れないことを主張しました。というのも，このような構図は，チッソによる環境汚染に対して，当時の日本政府や行政が指導せず，地域社会で被害を受けた漁民たちが孤立していった，あのようすと，驚くほど一致していたからです。

日本から遠く離れ，政治や文化も異なるカナダで，環境をめぐる社会問題の同じ構図が見られるということは，そこに普遍的な問題が潜んでいるように思われます。

※15 宮本憲一（1930年〜）　長年第一線で活躍してきた環境経済学者。四日市公害の研究から始め，公害に関する早期の研究である『恐るべき公害』（岩波新書，1964年）をまとめる。公害研究委員会を設立し，これは後に日本環境会議となった。

※16 イギリスのハンター，ラッセルらによって出された，運動失調，構音障害，視野狭窄をメチル水銀中毒症状とする報告（1940年）。現在は，感覚障害や難聴も含めて「典型的な水俣病」の症状とされる。

※17 日本社会では「第三水俣病」問題（注21参照）の後，厳しい患者認定条件の前提となる1977年判断条件（第3章（4），96頁参照）が出される時期と重なる。

救済問題

　救済問題では，汚染を確認した州政府が，すでにアニシナベらが生活のために魚を獲る商業漁業を禁止していました。一方で外部の白人らが行うスポーツ・フィッシングといった観光漁業は認めています。しかし，1975年の時点で，この観光漁業にも利用者が減り，収入が激減するなど悪影響が出ており，ロッジのオーナーはアイリーンに相談したのです。このような白人を主たる対象とする観光漁業への補償は認められましたが，他方でアニシナベたちへの補償はありませんでした。

　被害実態の分からなさ，原因追及の不徹底，救済による差別と，幾重にもアニシナベが孤立する状況がつくり出されていました。

先住民差別

　そして，これらの問題に見え隠れする深刻な問題が，飯島伸子[※18]の論文の中で「白人の生活への影響が予想されなかったことから，水銀汚染を未然に防ぐ方策もとられなかった」[『公害研究』5-3]と述べられている点です。政府が，すでに健康被害をつかんでいながら，十分な対策を取らなかった背景には，先住民への差別意識があったことも否定できないということです。

　また，飯島は，アニシナベたちが狩猟採集を基盤とするかつての居留地[※19]から，ダム建設を理由に，農業をするにも不適なこの居留地に強制的に移住を迫られたことにもふれています。移住の際には居留地内に学校をつくることが条件とされました。この学校では英語教育や，先住民社会と無縁な学習内容が設定され，学校教育が先住民文化を破壊する役割をはたしていました。生活文化の破壊の中で，仕事や誇りを失い，アルコール中毒が広がったのです。

世界環境調査団の活動は，とても総合的なもので，現在の地点から見ても問題の主要論点を網羅しています[20]。そのような学びの中で，原田正純がたどり着いた最も重要な理解とは何だと思いますか。それは，「公害があるから，差別が起こるのではない」「差別のあるところに公害が起こる」という事実でした[『豊かさと棄民たち—水俣学事始め』岩波書店，2007年，85頁など]。私たちは，水俣病があったから差別が生まれたと考えがちです。しかし，水俣で「天草者」への差別が先にあったことが，カナダで先住民差別が前史としてあった事実とオーバーラップして浮かび上がります。カナダや先住民といった異文化との出会いを通じて，公害は，先住民支配のような世界史上の差別の問題とつながることが分かったのです。

カナダへの影響

　他方，調査を受け入れたカナダの人々にとって，それはどういう意味があったのでしょうか。日本の調査団の訪問は，世界的な注目を集めたことは間違いありません。しかし，地元選出の下院議員は調査団を"吟遊詩人（トルハドゥール，通りすがりの人）"と呼び，邪魔者扱いしました。政治家や行政は，まとも

※18　飯島伸子（1938～2001年）　公害の被害構造に関心を寄せ，環境社会学という分野をつくる。東京都立大学に長年勤め，『環境社会学のすすめ』（丸善，1995年），『環境問題の社会史』（有斐閣，2000年）などの著書を多数残した。

※19　カナダ先住民らの居住地としてインディアン法（1876年制定）に基づき設定され，強制的な移住も行われた。

※20　花田昌宣・井上ゆかり「カナダ先住民の水俣病と受難の社会史(1)～(3)」『社会運動』382・383・385，原田正純「カナダ・オンタリオ州先住民地区における水銀汚染」『水俣学研究』3，森下直紀「カナダ水俣病事件の現在」『いま何が問われているか』。

図22　アニシナベと水俣病患者の交流
アニシナベたちは精力的に日本を回った。彼らはどんな知見を得たのだろう？

に取り合わなかったのです。

　一方，アニシナベたちは違いました。調査団がカナダを訪問したはざまの1975年7月，彼らは日本を訪れます。水俣に4日間滞在し，患者との交流，水俣病療養施設明水園（めいすいえん）での胎児性患者との交流，工場周辺地の巡検，女島などの漁村見学などを行いました。特に患者の症状にショックを受けたと見られ，「水銀汚染問題は生活破壊の問題としてのみ考えていたけれど，日本へ来てみてはじめて，それが健康と生命そのものに関わる，より重大な問題であることを知った」と訪日メンバーの一人であるトミー・キージックは語っています［くぼた「カナダインディアン来日随行記」『自主講座』54，1975年］。彼らにとっても，訪日は水銀汚染がもたらす被害への理解を深めるきっかけとなったのです。

旅する患者たち

　また，患者同士の交流も続きました。1975年9月と76年6月に浜元二徳と川本輝夫らは，カナダを訪問しました。トミー・キージックは，息子に「テルオ」という名前をつけていました。ホワイトドッグ酋長夫人で，保健婦でもあったジョセフィーヌ・マンダミンは，76年に水俣訪問に先立って次のような手紙を日本に送りました。

> また，日本への旅は，この問題の責任を取るべき白人達——国，州政府及び加害企業——に対する憎しみをどこへぶつけたらよいのか，私に何らかの糸口を与えてくれるかも知れません。胎児性水俣病の症状を持った子供が生まれるたびに，私はこのうえもない憎しみを味わい，無力感におそわれます。私達は無力です。私達には憎悪すること以外に道は残されていないように思えます。医者達は，これらの子供達のかかえる症状が水銀に関係があることを認めようとしません。彼らは水銀以外のあらゆる問題のせいにしようとします。そんな時，私はヘルスワーカーとして，憎むこと以外何もすることができずにいる自分が最も無力でみじめです。
>
> 　　　　　　　　　　　　　　　　　　（『自主講座』66，1976年，51頁）

私たちが見てきた「水俣」は，彼女の「憎悪」をどう受け止めるでしょうか。彼女に対し，何を語りかけることができたと，あなたは思いますか。地球の中の「隔離箱」から抜け出すために，人々が懸命にもがいていたことがよく分かります。

　このように，グローバル企業が引き起こす公害，それを擁護するような行政

2.「公害地図」を押し広げる，世界の環境問題と出会う　61

の対処に対し，研究者や患者たちがもたらした知の連鎖は，相互作用を通じて水俣病像の深化を促しました。これは，水俣病にかかわる一人ひとりの決意と，結集があったからです。

（3）水俣病の前に，水俣病があった？

●

反公害輸出

本書の「公害地図」の3か所目は，朝鮮半島です。日本の隣国でもあるこの地域で，何があったのでしょうか。越境する公害の問題，そして戦前の日本の植民地支配が，朝鮮半島と水俣をつなぎます。

発端は，宇井純が開いた自主講座に集まったメンバーの中で，反公害輸出運動に取り組むグループがつくられたことにあります。公害輸出とは，企業などが公害規制が強化された日本での活動をあきらめ，環境を破壊する恐れのある製造工程や産業廃棄物を，アジア諸国など発展途上国へ輸出する動きを指します。

自主講座に参加していた人たちの中で，公害輸出に反対する運動を始めた井上澄夫は，在日韓国人が発行している『東洋経済日報』の「韓国へ"公害プラント"輸出?!　疑問残る"生産中止"富山化学」という記事（1974年2月）を読んだことから，この問題に関心をもちます。

さっそく井上が富山へと足を運んで調査をした際には，「公害を告発する市民連合」「富山救援会」などの現地団体の協力を得ました。これらの団体は，前年発生した「第三水俣病」問題[21]による水銀調査をきっかけにできたもので，得体の分からない地元の公害を追及する中で，富山化学の公害輸出問題にたど

り着き，東京の井上たちと合流したのです。

　1974年4月に行った抗議行動では，富山化学東京本社に「富山化学の公害輸出をやめさせる実行委員会」と「在日韓国青年同盟」が集まりました。同時に，富山の高岡駅でも先述の地域団体が抗議行動をしました。さらに韓国仁川では，YWCA（Young Women's Christian Association）が，同様の公害輸出問題が指摘されていた三和化学工場建設中止の申し入れを行いました。井上は，「この日の行動は，たたかいを支える思想において仁川と富山と東京が一つの糸で結ばれたものであった」と述べています［井上澄夫『歩きつづけるという流儀』89頁］。このような抗議行動の結果，富山化学の工場移設は，中止に追い込まれます。

　その後，井上たちは，『公害を逃すな！』というミニコミ誌を発刊し，六価クロム[22]による汚染を引き起こした，日本化学工業の韓国蔚山工業地帯への進出反対運動など，次々に対象を広げていきます。その過程で，必然的に，経済大国化した日本とアジアとの関係に目を向けることとなります。そして，課題意識を共有する人々が集まって1976年に「アジアへの公害輸出を告発する市民大集会」を開催，これを機に反公害輸出通報センター[23]が設置されます。

[21] 1973年，熊本大学研究班が，有機水銀の汚染を受けていないはずの熊本県有明町で水俣病と同様の症状の患者を発見。それをスクープした「有明海に第三水俣病」という新聞報道をきっかけとして全国的に水銀パニックが発生した。

[22] 強い毒性と酸化能力をもつ物質。1973年，元日本化学工業の工場跡地であった都営地下鉄の敷地内で大量の六価クロムが発見されて社会問題化した。

[23] 自主講座の取り組みから公害輸出を監視することに特化したグループとして結成（後に反核パシフィックセンター東京に移行される）。そのほか，戦争と公害といった問題が縮図となって現れる沖縄に着目する沖縄グループ，鹿児島県志布志湾の開発問題に取り組む志布志グループ，原発問題を扱う原子力グループができていた。

2.「公害地図」を押し広げる，世界の環境問題と出会う　63

図23 公害輸出の風刺画
左下の人たちは、なぜ下敷きにされているのか？

朴正煕政権

　他方、輸出相手とされた韓国の状況はどうだったのでしょう。

　当時は、朴正煕※24が独裁政権を築いている時期でした。朴政権は、経済開発を最重要課題と位置づけており、1962年、第1次経済開発（5カ年計画）で輸出主導型経済を支える重工業化政策重点化を目標に掲げ、72年に国土総合開発計画を発表、73年には重化学工業化開発政策宣言を行いました。78年、NICs（新興工業国）の一つに数えられ、国際社会からその経済成長が注目されました。

　また朴政権は、ベトナム戦争への派兵を決定し、アメリカを直接支援する側に立ちました。これは、朝鮮戦争（1950～53年）当時の日本の特需景気のように、ベトナム戦争での特需で韓国経済を成長させる面をもちました。

　この朴政権は、「開発独裁」※25ととらえられています。米ソ対立を基軸とした冷戦の時代には、日本の周辺のアジア諸国には、このような開発独裁が多く誕生し、長期間維持されました。韓国で軍事独裁政権が倒れ、民主的な選挙が行わ

図24　朝鮮窒素興南工場の全景
豊富な水力発電を利用して硫酸アンモニウム（硫安）を生産し、当時「東洋一の工場地帯」と呼ばれた。

れたのは1987年であり、わずか30年ほど前なのです。

　そのような開発や経済成長を至上命題とする朴政権だったので、環境問題に取り組む人たちは、反政府的ととらえられていました。その結果、日本でこの時期に活発化した反公害運動などは韓国では広域には見られませんでした。反公害や平和を求める運動は、反体制的なものだったのです。

朝鮮窒素

　公害輸出は、1970年代以降の経済大国化した日本の課題であるとともに、この反対運動に取り組むことは、戦前の日本帝国主義の問題とつながる回路でもありました。たとえば、日本政府によるODA（政府開発援助）の対象は、戦時

※24　朴正熙（1917〜79年）　日本陸軍士官学校出身の軍人だったが、1961年にクーデタを行って政権を獲得した後、79年まで韓国大統領を務める。「漢江の奇跡」と呼ばれた急速な工業化を進める一方、民主主義勢力を政治的に弾圧した。
※25　工業化を推進する開発政策と民主化を制限する政治独裁を特徴とした権威主義的政治体制。フィリピンのマルコス政権、インドネシアのスハルト政権がその代表例。

中に日本が占領し，戦後補償問題を抱える東南アジアと重なり，受注した日本企業の利益や現地進出を支えました。

　では，公害輸出と戦前の朝鮮半島はどのように結びつくのでしょうか。自主講座公害輸出グループの松岡信夫は，『自主講座』に戦前の朝鮮半島における「朝鮮窒素肥料株式会社」について調査する論文を連載しています。松岡が注目したのは，現在の朝鮮民主主義人民共和国の興南などにあった，旧朝鮮窒素工場でした。チッソは，戦前には複数の企業を支配下に収める日窒財閥という新興財閥の中心企業で，朝鮮窒素はその子会社にあたります。朝鮮窒素の工場で働くため，水俣などから海を渡る労働者がいる一方，朝鮮でも現地住民が多く雇用されていました。

　松岡が研究を始めたころ，実はチッソの系列会社が韓国にプラントをつくろうとしていました。松岡は，日本から朝鮮への「加害」という点から，明らかにし得ていない歴史として戦前のチッソに着目したのです。松岡は，次のように述べています。

　日本で水俣病の元凶となった会社の系列会社が，再び韓国に進出している。この会社がかつて朝鮮の民衆の土地を奪い，朝鮮の民衆を残酷悲惨な状態の中で働らかせ，侵略戦争の武器を生産し，巨大な軍需産業会社として朝鮮に君臨していたことを忘れるわけにはいかない。この会社が朝鮮でとった行動とその後水俣病問題でとった行動とは，全く同じ質のものとは言えないまでも，多くの共通の質をもつものではなかっただろうか。そして私たちは朝鮮の民衆に対する加害の歴史を，彼等にもう一度繰り返させよう

> としているのではないだろうか。（松岡信夫「「水俣病前史」朝鮮窒素肥料株
> 式会社の体質と行動（1）」『自主講座』16，1972年，16〜17頁）

松岡は，たとえばチッソが，その朝鮮進出のきっかけをつくる赴戦江発電所を，
なぜ安く建設することができたのかに注目し，現地住民から安価に土地を収奪
した足跡をたどっています。これは，植民地だからこそできたことだと考えら
れたわけです。

　朝鮮窒素についての研究は，新興財閥研究から始まり，国家の保護による経
営の在り方と朝鮮民衆や朝鮮経済への影響に及びます。研究が進むにつれて1930
年代後半の朝鮮半島における軍需産業育成や，人工石油製造の取り組みなど，
戦前の朝鮮窒素の技術的先進性と軍部・政府との結合も明らかとなります[26]。
そして，当時すでに興南工場で公害が報告されていたことも見逃せません。

民族的差別

　植民地時代の朝鮮半島で生まれた松岡は，「私がいま朝鮮窒素の犯した罪行
の一つ一つを追跡しつつ，同時に絶えず凝視しておかねばならないと考えてい
るのは，自分自身の血の中に流れる大国主義，排外主義の感性と思想なのであ
る」と，歴史を振り返る理由を述べています。

　同じ労働者でも，日本人と朝鮮人では給与に2倍の差があったといわれてい
ます。さらに，日本人には「在鮮手当」「在郷軍人手当」などもつき，実質的に

※26　姜在彦編『朝鮮における日窒コンツェルン』の文献解題に研究史が詳しく紹介されている。

は2倍以上の収入があったことになります。

　1931年，満州事変が勃発し，熟練労働者が兵隊にとられるようになると，朝鮮人の中で農家出身の未熟練労働者が雇用されるようになります。その結果，終戦間際の工場では，労働者がトロッコやエレベータに挟まれて死亡するなど，「どうしてこんな事故が起きるのだろう」と思うような事故が起こったといいます［鎌田正二『北鮮の日本人苦難記』］。チッソがもっていた，人命軽視の企業体質が見えます。

引き揚げ

　1945年の敗戦の後，興南工場はソ連軍に接収されます。

　朝鮮窒素で働いていた日本人は，戦時中に日本軍が設置した俘虜収容所に，ソ連軍によって逆に強制収容され，技術者や人夫として労働に従事させられました。興南には他地域からの避難民も流入するようになり，彼らを中心に死者が多く出ました。このような抑留生活は，1946年12月に日本への正式引き揚げが開始されるまで，続くことになります。

　戦前，興南工場で働いていた技術者や労働者には，帰国後に水俣工場に身を寄せる者が少なくありませんでした。その結果，興南工場での現地民差別の意識が，水俣でも続いていたのではないかという見方もあります[27]。

「旅」の後に

　これまで見てきたように「公害地図」を押し広げるということは，それぞれの地域で公害と向き合っていた人々を出会わせ，新たな認識の形成につながりました。その変化とはどのようなものだったのでしょうか。患者たちの「旅」

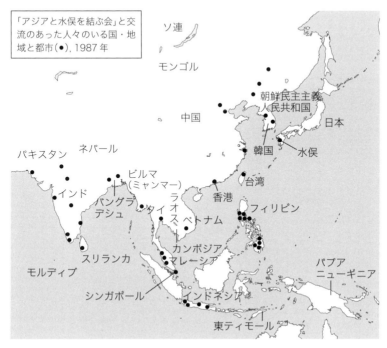

図25 水俣とアジアのつながり

「アジアと水俣を結ぶ会」作成の地図による。1980年代後半から患者たちはアジアの環境汚染や公害輸出と向き合った。どのような国・地域とつながりをもっただろうか？

後の足跡を確認し，章末の「レッスン」で一緒に考えたいと思います。

　ストックホルムの旅の後，浜元二徳は，「アジアと水俣を結ぶ会」を結成し（1984年），世界へと積極的に出ていくことになります[※28]。

※27　チッソ社内に社員と職工の身分的差別があり，社員は大学出身者を中心とし，職工は現地採用者が多かった。野口遵の「職工を牛馬と思え」という言葉は戦後も伝えられ，先端的な技術開発の一方で事故など労働災害がしばしば発生した（NHK取材班『戦後50年その時日本は3』）。

※28　1986年には水俣にアジア各国から公害や環境問題に取り組む人々が集まり，アジア民衆環境会議が開かれた。

ストックホルムに行くのが本当は嫌だった坂本しのぶにも変化が起こります。1986年に浜元たちの活動の一環として，今度は自分の意志で，ベトナム戦争で使用された枯葉剤の犠牲者であるグエン・ベトとドク※29の結合性双生児の兄弟に会いに行くことになりました。胎児の時に受けた障がいとともに生きるベトとドクを，「自分と同じだ」と感じ，検診車をプレゼントしようと考えたからでした。しかし，ベトナムの医療や福祉を目の当たりにしたしのぶは，「同じ（病気）なのに，違うなって思った」と語りました。新たな出会いが，新たな探究へと向かわせ，世界観を広げることになります。

　世界の人々にとっては，ストックホルムで水俣病患者を直接見たことが，その後の水銀汚染への関心の高まりへとつながりました（第3章）。カナダのアニシナベたちにとっても，水銀汚染を貧困や差別と深く結びついた環境汚染問題として，再認識する機会となりました。患者や支援者たちの交流は，現在も続いています。

　水俣病支援者の中で戦前の興南工場に着目した人たちは，植民地支配下で人命軽視や，現地民に対する差別を重ねてきたチッソの歴史的な企業体質に目を向けることになりました。

　水俣病という問題を通じて，このように時間的にも，空間的にも，認識が拡大した背景には，当時の世界の変化が影響を与えています。次章では，水俣病を歴史学的にとらえ直してみたいと思います。

レッスン

①この章で登場した水俣病にかかわる地域を図26の「公害地図」（72頁）の中に書き込んでみましょう。

②水俣やカナダの患者や支援者にとって，世界との出会いはどのような意味をもったのでしょうか。本章で取り上げた患者や支援者の証言をもとにして，あなたの考えを述べましょう。

③次の文章と資料を読んで，水俣以外に暮らすあなたが，水俣から何を学べるのか，水俣に何ができるのか，具体例をあげてみましょう。

　1976年に大学教員を中心とした不知火総合学術調査団が水俣に入ります（詳しくは第3章）。彼らを呼んだのは，現地に暮らした作家・石牟礼道子でした。彼女は，調査団や，水俣に暮らす学生など支援者に向かって，これからの水俣と日本の社会のために「何が必要なのか」考えを述べました。下線部のように，胎児性患者の存在自体と，彼らが見ている日本社会を，調査団が読み解き，言葉で表現することを求めたのでした。

〈資料〉

> たとえば胎児性の子供たちは植物人間とかいわれますけれども，やはりこの世が見えていまして，そういう魂こそ今や日本のありさまをちゃんと見ている。そういう子供たちはぜんぜん自己表現できない，この世と繋がっていないようでいて，生きていることで今のこの世を表現している。そういう眼でこの世を見たとき，私たちのおかれている情況ですが，（中略）原存在としての生命が極限的なところでまさに殺されようとしている，そういうまなこで見た今の日本。そしてそういう生命と日本との繋がりはやはり，表現しなければならない。形にしなければいけない。（羽賀しげ子「調査団日誌」，色川大吉編『水俣の啓示　下』筑摩書房，1983年，445頁）

※29　グエン・ベト（1981〜2007年）とドク（1981年〜）　ベトナム戦争中に米軍によって散布された枯葉剤を浴びた母親から生まれた，胎児性結合双生児だった。日本の医療関係者の支援を受け，たびたび来日している。

2.「公害地図」を押し広げる，世界の環境問題と出会う　71

①フィンランド水銀汚染事件
②スウェーデン水銀汚染
③アドリア海水銀汚染事件
④イラク水銀中毒事件
⑤ボンベイ水銀汚染
⑥バンコク水銀汚染事件
⑦インドネシア（ジャカルタ湾）水銀汚染事件
⑧中国水俣病（吉林）
⑨職業性水銀中毒（上海）
⑩水俣病
⑪新潟水俣病
⑫アメリカ水俣病（ニューメキシコ）
⑬バレンシア（ベネズエラ）水銀汚染事件
⑭アマゾン川水銀汚染
⑮サルバドル水銀汚染事件

図26 公害地図

2.「公害地図」を押し広げる，世界の環境問題と出会う　73

3. 水俣病を歴史学的に考えると，
何が見えてくるのだろう？

最後の章では，これまでの水俣をめぐる旅にかかわって，今，なぜ水俣病の歴史を学ぶ必要があるのか，歴史学の視点を生かしながら，考えてみましょう。

(1) 世界史の中で日本の「開発」と「公害」をとらえよう

●

冷戦と「開発」

　これまで見てきた水俣病のような日本の「公害」は，地域の「開発」を背景にして起こりました。しかし，世界でも同様の問題が生じていたということは，世界共通の背景がきっとあるはずです。それは，どのようなものだったのでしょうか。

　第二次世界大戦後，「開発」という言葉が，国際政治の中でキーワードになったといわれています[1]。1949年，アメリカ大統領のトルーマンは2期目の就任演説で，低開発国に対して科学技術と工業発展に基づく「開発援助」を行うことで，「成長」を促すことが重要だと述べました。

> われわれが目指すのは，世界の自由な人々が自らの努力により，より多くの食べ物，より多くの衣類，より多くの建築材，そして彼らの重荷を軽減す

---

[1]　末廣昭によると，developmentの訳語として「発展」ではなく「開発」という時，行為主体が外から力やエネルギーを加えて対象を変えていくことを意味し，ヨーロッパで19世紀半ば以降植民地開発の文脈で使われ始めた。共産主義勢力への対抗として途上国向けの援助政策と経済開発を結びつけるのは1950年代以降とされる（末廣昭「開発主義とは何か」「発展途上国の開発主義」『20世紀システム4　開発主義』）。

3. 水俣病を歴史学的に考えると，何が見えてくるのだろう？　75

> るためのより多くの機械動力を産みだすことができるように，手助けする
> ことであるべきである。
> （トルーマン・ライブラリー＆ミュージアムHP〈https://trumanlibrary.org/
> whistlestop/50yr_archive/inagural20jan1949.htm〉）

トルーマンがこのような開発援助をアメリカの政治目標に据えたのは，激化す
る冷戦の影響があります。第二次世界大戦に勝利したアメリカは，圧倒的な金
保有量を誇る大国としてドル金本位制を確立するとともに，自由主義陣営を経
済的にも構築するために，1947年，トルーマンドクトリンとマーシャルプラ
ン[2]を発表していました。加えて，49年のソ連原爆保有と中華人民共和国建国，
50年の朝鮮戦争の勃発と，とりわけ日本を含む東アジアにおける社会主義圏と
の対立激化と軍事的緊張は，社会主義への対抗を強めました。

　このような軍事的対立が，本格的に開発援助競争へと移っていくのは，1950
年代後半です。このころ，戦前に植民地だったアジア・アフリカ諸国が「第三
世界」[3]として結集し始めていました。1956年にソ連共産党大会でフルシチョ
フは資本主義陣営との「平和共存」路線を示しますが，同時に，これら途上国
への経済援助を拡大することにより，影響力を行使しようとしたのです。

　一方，アイゼンハワー米大統領は，アジアへの社会主義の拡大を抑えようと
ベトナムの開発援助に乗り出します。この背景にあるのが，伝統社会に急速な
「経済成長」を引き起こし「近代化（トランスフォーメーション）」させれば，
共産主義革命の基盤を崩せるという主張[4]でした。この「近代化」とは，アメ
リカが提供する技術と，それを裏づける思想・制度・資本などを前提として成

り立つ，この時期特有の言葉です。このようにして，米ソ開発援助競争の幕開け
となりました。

日本でも，「生産性」向上のため，アメリカの対日支援として「日本生産性本
部」が1955年につくられ，経営の「近代化」の方法が各企業に紹介されるととも
もに，学問的には「近代化論」として日本の学術世界に受容されます。

「もはや戦後ではない」

日本の経済成長は，このような世界史の構造に深く組み込まれて生じました。
朝鮮戦争による特殊景気（朝鮮特需）を起爆剤とし，日本に有利な為替レートで
輸出し続けることをアメリカが認め，在日米軍基地の存在は日本の軍事費を実
質的に抑える効果をもちました。日本の経済成長の成功は，自由主義陣営での
「開発」モデルという意味もあったので，アメリカはこのような政策を実施した
のです。

そのような中，1956年に出された有名な『経済白書』の結語は，次のような
ものでした。

※2　1947年，トルーマンがアメリカ議会において共産圏に対する封じ込め政策を表明し，ギリシャ
　　に対する軍事支援を提案したことが東西冷戦を固定化したとされる。同年，国務長官マーシャ
　　ルは，共産主義勢力の浸透を回避するために大規模な復興支援を行う欧州復興計画を発表した。

※3　冷戦期に対立した，資本主義先進国を第一世界，社会主義国を第二世界とし，いずれにも属さ
　　ない，アジア・アフリカの旧植民地から独立した諸国をまとめて「第三世界」「第三勢力」と
　　呼んだ。インドのネルー首相が提唱し，1954年のコロンボ会議，バンドンで開かれた55年のア
　　ジア・アフリカ会議で，その存在感を示した。

※4　アメリカの経済学者ロストウ（1916～2003年）が，『経済成長の諸段階——一つの非共産主義
　　宣言』（ダイヤモンド社，1961年）などで展開した理論。ロストウは，複数の大統領補佐官を
　　務めて，アメリカのベトナム戦争参加など現実政治にも重要な影響を与えた。

3. 水俣病を歴史学的に考えると，何が見えてくるのだろう？　77

もはや「戦後」ではない。我々はいまや異なった事態に当面しようとしている。回復を通じての成長は終わった。今後の成長は近代化によって支えられる。そして近代化の進歩も速やかにしてかつ安定的な経済の成長によって初めて可能となるのである。

新しきものの摂取は常に抵抗を伴う。経済社会の遅れた部面は，一時的には近代化によってかえってその矛盾が激成されるごとくに感ずるかもしれない。しかし長期的には中小企業，労働，農業などの各部面が抱く諸矛盾は経済の発展によってのみ吸収される。　　（経済企画庁『経済白書』1956年）

復興後の「成長」のためには「近代化」という自己「改造」が必要であると述べています。また，引用文の後で「世界の二つの体制の間の対立も，原子兵器の競争から平和的競存に移った。平和的競存とは，経済成長率の闘いであり，生産性向上のせり合いである」とも述べています。工業国として本質的に変貌（へんぼう）することを目指したのです。

　加えて，「経済社会の遅れた部面」では矛盾が激化する可能性も示唆（しさ）しています。「各部面が抱く諸矛盾は経済の発展によってのみ吸収される」という力強い表現は，何を優先するかを国家が明示的に示し，政策として強力に推し進める「国策」をうかがわせます。

経済の季節

　開発援助や経済成長といった政策が広がるためには，アメリカでも，日本でも，他のアジアの国々でも，国民にとってどれだけ説得力をもったかが重要に

なります。

　日本国内に目を向けると，「60年安保」※5をピークとした「政治の季節」から「経済の季節」へ国民の意識を転じる役割をはたしたのが，池田勇人自民党内閣が掲げた「国民所得倍増計画」です。この時期に自民党も，それに対抗する社会党も，「経済成長」というスローガンをともに政策目標に掲げて競い合うことで，国民意識の中に「成長」政治への期待が根づきました。「成長神話」は，21世紀の今日まで続いているともいわれています。この1960年代を通じて，耐久消費財を中心とした大衆消費や，レジャーといったアメリカ的生活様式が，国民の理想として喧伝されていくことになります。

　水俣病が発生したのは，まさにこの時代でした。第1章で見た水俣の歴史的風景を思い出してみましょう。たとえば，1962年に始まる安賃闘争が，チッソという一企業の問題を超えた普遍的な労働争議の意味をもっていたのも，このような世界史的構造と，日本の国策があったからといえるでしょう。あるいは，先の『経済白書』が出された56年は，水俣病が公式に確認された年ですが，政府は68年まで公害認定を行いません。なぜ，認定に10年以上もかかったのでしょうか。その背景として，政府が石油化学への過渡期において，チッソのアセトアルデヒド製造を重視し，持続させようとしていたことがあるのではないかとも指摘されています。さらに，漁民たちの訴えが「暴動」として処理されたことや，第1次訴訟を提起した渡辺栄蔵団長が，一企業を訴えるにもかかわらず「私たちは国家権力に立ち向かうことになった」といったことも，これら当時の政治

※5　日米の「相互防衛」を盛り込む日米安全保障条約の改定に反対し，1959年から60年にかけて起こった反対闘争。特に自民党による強行採決を機に，全国的な反対運動が展開され，抗議のデモ隊は国会内にも入った。岸信介内閣は責任を取って退陣した。

3. 水俣病を歴史学的に考えると，何が見えてくるのだろう？　79

や経済の中に根深く存在していた社会構造を想起させるのです。

(2) 公害問題の浮上は，何を意味しているか？

世界史の転換期

　こうした「開発」と「成長」を推進する歴史に，転換を求めることになるのが，1970年前後の世界でした[※6]。今度は，第2章で見てきた，ストックホルム会議のようす，カナダのアニシナベたちの行動，アジアと向き合った日本の若者を思い出してみましょう。

　まず，なぜ，この時期が転換期となるのでしょうか。1967年ごろから73年ごろの世界では，ベトナム戦争におけるアメリカの敗北，ドル金本位制の崩壊，中華人民共和国の国連加盟など画期となる出来事が続きます。その結果，米ソ対立を軸とした，それまでの世界史の構造が崩れていったとされています［古田元夫「経済成長と国際緊張の時代」『岩波講座世界歴史26　経済成長と国際緊張』］。

図27　ベトナム反戦運動（サンフランシスコ，1972年）

中でも特に注目したいのは，世界の人々が同時多発的に，さまざまな領域で，既存の体制や文化に異を唱え始めた点です。ベトナム反戦運動の高まりは，アメリカ的生活様式と結びついた支配的な文化に対する対抗文化となります。その象徴が，アメリカで1969年に開かれたウッドストックフェスティバル※7です。これは音楽やヒッピー文化，自然回帰の思想が融合して，対抗文化を形成していました。また，黒人差別解消を求めたキング牧師らによる公民権運動や，「レッド・パワー」と呼ばれた先住民運動は，社会的公正を問う声として大きな影響力をもちました。さらに，既成体制に従属するものであるとして大学を批判した学生闘争は，先進各国に広がりました。

　環境問題もこのような文脈の中に位置づけることができます。ローマクラブの『成長の限界』（1972年）※8が発表され，先進諸国では長期的環境変化に着目し，それを「未来の世代の声」としてとらえる動きが広がりをもちました。第2章でみなさんと一緒に旅をした，あの1972年のストックホルム会議に集まった人々は，このような背景をもっていたので，ベトナム戦争を「エコサイド」※9と

※6　中でも2018年に「50年後」という節目を迎えた「1968年」に，近年は特に関心が集まっている。主に学生闘争（スチューデント・パワー）に注目した研究が多い。

※7　「愛と平和の祭典」としてアメリカのウッドストックで開かれた野外コンサート。当時の代表的なミュージシャンが参加し，音楽シーンに大きな影響を与えた。現在，日本でも定着した野外フェスティバルの原型とされている。

※8　世界中の科学者らがつくった民間団体ローマクラブの委託により，マサチューセッツ工科大学のデニス・メドウズを中心として地球の将来を予測した報告書。このまま人口増加や環境汚染が進めば100年以内，早ければ50年以内に地球上の成長は限界に達すると警鐘を鳴らし，先進諸国に衝撃を与えた。

※9　Ecology（エコロジー）とgenocide（ジェノサイド）を合わせた言葉で，大規模生態系破壊を意味する。

3. 水俣病を歴史学的に考えると，何が見えてくるのだろう？　81

とらえていました。

このような人々の価値観や意識は,「開発」や「成長」に疑問をもたないこれまでの在り方に反省を迫るもので,今日の社会運動や人々の考え方にも影響を与えています。

公害という転換軸

1960～70年代にピークを迎える日本の公害問題も,転換期の重要な構成要素になっています。1967年に,公害を扱う初めての法律として公害対策基本法[※10]が制定されますが,その対策は経済発展との調和をはかる(「調和条項」)としていました。67年から69年にかけて四大公害訴訟が次々に提起され,公害問題は社会問題化します。その結果,70年のいわゆる公害国会で「調和条項」は削除され,翌年には公害行政を一元化する環境庁の発足,73年には被害者への補償の根拠となる公害健康被害補償法の制定,と続くことになります。

水俣病事件史の重要な時期に,前述の世界史の転換期は,ぴったり重なります。1968年にようやく政府が公害病として認定し,水俣市内に最初の支援組織として「水俣病市民会議」[※11](日吉フミコ会長)が発足したのを機に,翌年,

図28　水俣病第1次訴訟
1973年3月20日,判決を前に熊本地方裁判所前で行われた水俣病市民会議主催の集会。

第1次訴訟が開始されます。法廷闘争とともに，川本輝夫らの自主交渉，患者らがチッソの株を買って株主総会で直接対話を試みる「一株運動」など，多様な闘争が展開されます。また，石牟礼道子『苦海浄土』の刊行，「水俣病を告発する会」の結成と，世論を喚起する支援運動も高まりました。そして，これらの運動の結果，73年には第1次訴訟に患者は勝利し，チッソと補償協定を結ぶことになります。

　このように，既存の体制や文化の転換の意味と重ねて考えると，公害闘争は，「開発」や「経済成長」という，外発的・外在的な価値や体制を問い直し，「自分のもの」としてとらえ直す闘いだったといえます。公害は，体制や価値観の転換を迫る一つの軸となりました。

転換の先にある「自治」

　既存の体制を「自分のもの」に組み直そうという取り組みをここでは「自治」ととらえ，「地域」「学問」「生活」の各側面から見てみたいと思います。

　まず「地域」です。1963年，静岡県沼津・三島で起こった大規模な石油コンビナート建設計画に対して，地域住民らが反公害運動を組織して，計画を阻止したことが日本中の注目を集めました。その際，安全を主張する建設者側に対し，西岡昭夫ら高校の教員や地域住民が一体となって，地域を調査し，科学実験を重ねたことが重要な力となりました。つまり，地域の課題を，行政や専門家だ

※10　初の環境保護法。環境保護法の制定と監督官庁の設置は，先進国で1960年代後半に相次いで行われる。

※11　水俣の教師で，胎児性患者を目の当たりにした日吉フミコ（1915〜2018年）が，新潟水俣病の支援組織にならって発足させた（当初は「水俣病対策市民会議」）。これにより孤立していた患者を支えることが可能になった。

3. 水俣病を歴史学的に考えると，何が見えてくるのだろう？　83

けに頼るのではなく，自分たちの手で解決しようとしたのです。そして，日本各地で個別に噴出し始めた公害の情報を交換し，協力し合う中で，運動網が組織されます。第2章の冒頭で扱った「公害地図」づくりは，このような取り組みと連動して進められたものです。

　また，東京や大阪を中心とした大都市で都市住民たちによる公害闘争が起こったことも，運動の推進力として見逃せません。1970年に東京都杉並区の高校生に起こった光化学スモッグ[12]の被害を象徴的な事件として，自動車排気ガス，騒音，河川の汚染といった都市型公害への関心が高まります。このような状況を受けて，当時の自治体が重要な政策課題として公害対策に取り組みました[13]。日本での公害防止条例は，一貫して政府でなく地域行政が主導することになります。

　次に，「学問」の自治です。たとえば，第2章で扱った，宇井純による「自主講座」が，学生闘争とその余韻の残る大学内で，全国の公害調査，反公害輸出運動，反核運動などを結びつける役割をもったことを思い出してみましょう。運動の原点には，大学が提供する学知や技術が，公害を生み出す側を利することしかしてこなかったという強い批判があります。学問を取り巻く権力や社会的歪みを自覚し，自治活動として「自主講座」を開いたのです。

　本書でたびたび登場する原田正純の医学もこれに似ています。原田は，水銀汚染被害を受けた母親たちへの聞き取りから，当時の学問的常識を疑うことを始め，そして胎児性水俣病の解明に至りました。学問へのまなざしとして，誰のための学問かを問う姿勢があります。

　これら専門家の学問自治とともに，先の沼津・三島のような住民たちによる科学調査や，三重県四日市での公害を記録する運動，労働組合や技術者組織の

84

職業人としての研究活動など，公害問題に取り組む普段着の人々の学問が，同時期に展開していることも見逃せません。

　以上の「地域」と「学問」の自治を実践面で主題化するのが「生活」の自治です。同じく第2章で見た柳田耕一ら相思社のメンバーが取り組んだ，水俣生活学校※14などの実践がその例です。あるいは，学生闘争に参加した人たちがつくった「大地を守る会」※15や，団地などで誕生した地域生協なども例としてあげられるでしょう。彼ら，彼女らは，衣食住など自分たちの生活にかかわるものを，大量生産・大量消費を前提とした「近代社会」のシステムの中で，たとえば効率化のために農薬を使用したものを知らずに消費するのではなく，自給，もしくは目に見える生産者とのつながりの中で手に入れようとして，消費者運動を起こしたのです。

　「近代化」以前の生活に内在する知を見直し，生産物などの地域内循環や，生産地と大都市に暮らす消費者との新たな流通経路を確保する取り組みは，高度成長下での急速な社会変化の中で，「生活」を取り戻そうとする実践でした。

※12　自動車や工場の排気ガスに含まれる窒素酸化物や炭化水素に太陽の紫外線があたってできる，光化学オキシダントが原因物資となって引き起こされる大気汚染。

※13　横浜市の飛鳥田一雄市長が打ち出した，自治体と企業などの事業者が，公害防止協定を締結して公害を防止する「横浜方式」は，以後全国に広がった。他方，東京都では23区のゴミが埋め立てられてきた江東区でゴミ公害が深刻化したため，各地で自区内処分の検討が始まりつつ，杉並区でゴミ集積場建設阻止運動も起こるなど紛糾した「東京ゴミ戦争」も話題となった。各地域の住民運動の主張が「公共の福祉」と対立する事態は「地域エゴ」の問題として浮上し，都市内部の歪みも住民自治の問題と重なりながら明るみに出た。

※14　患者たちとの交流や，無農薬での農作物づくりなどを実践する取り組み。水俣実践学校，水俣大学と，その構想はつながる。

※15　1975年に藤田和芳らが立ち上げた市民の会を母体に，元全学連委員長藤本敏夫，歌手加藤登紀子らを加え，発足。2018年よりオイシックス・ラ・大地に社名変更。

「近代化」への問い

　このように公害は，これまでの体制や価値観に転換を求める軸となりました。転換期には，これまでの社会の在り方が問い直されるため，人々の歴史への関心が高まります。あるいは，歴史をどうとらえるかという問題が，現実政治と結びつき社会問題化します。「近代化」を問い直す動きを二つ見ましょう。

　まずは「明治百年」をめぐる歴史認識問題です。「1968年」という年は，明治維新からちょうど100年目にあたっていたので，政府が「明治百年記念式典」を立ち上げ，近代化を礼賛(らいさん)していました。当時の歴史研究や歴史教育に携わる人たちは，政府のこのような動きに反対し，明治時代をどうとらえるかという点に関心をもちました。たとえば，日本の資本主義の発展を明るく描く動きに対し，労働者や農民など苦難を強いられた民衆の歴史を盛り込むべきと主張するように，です。そして，そのような民衆の歴史を描いた代表的な人物の一人に，色川大吉(いろかわだいきち)[16]がいました。

　もう一つの歴史の問い直しは，アメリカから導入された「近代化論」の再検討でした。導入された1965年ごろは歴史研究者に好意的に受け止められた理論でしたが，広範な問い直しの動きが見られます。近代化論再検討研究会はその一つで，鶴見和子(つるみかずこ)[17]らによってつくられました。色川大吉が団長を務めた不知火海総合学術調査団（第2章レッスン）は，この研究会を母体に誕生し，アメリカ的近代化とは異なる「近代化」の在り方を探究するために，水俣を調査地に選んだのです。

『水俣の啓示』

　このような「近代化」を問い直す流れは，不知火海総合学術調査団に結実し，

図29　不知火海総合学術調査団
一行は盛大な歓迎を受けた。右から3人目が色川大吉団長。

　「成長」や「開発」にさらされた日本の地域を，前近代の歴史まで掘り下げてとらえ直しました。そして，「近代」とは何か考え，どういう異なる可能性があるか示唆を受けようとしました。調査団は，長年の研究の集大成として，1983年に『水俣の啓示』（上・下，色川大吉編）を発刊します。このような取り組みは，水俣という地域や，そこに暮らす生活者たちに，どのような意味をもたらしたでしょうか。

　鶴見和子は，第2章で登場した水俣漁民とアニシナベの出会いをとらえ「定住者と漂泊者との交流は，経験の個別化と普遍化への道筋を丹念にたどるため

※16　色川大吉（1925年〜）　自由民権運動など日本近代史を専門とする研究者で，1960年代に安丸良夫，鹿野政直らとともに民衆思想史の領域を切り開いた。水俣とも関係が深く，裁判の証言台にも立った。調査団については色川『昭和へのレクイエム―自分史最終篇』（岩波書店，2010年）参照。

※17　鶴見和子（1918〜2006年）　弟の鶴見俊輔らと『思想の科学』を創刊し，1950年代は生活記録運動の指導者ともなる。民俗学の研究や留学経験を生かして独自の比較社会学を形成し，内発的発展論を主張した。

のカギとなる」と述べています。そして，「近代の負の側面を修復するために，前近代の正の側面を復活しようという，世界的な動向」を水俣に見出そうとします［「多発部落の構造変化と人間群像」（『水俣の啓示　上』）234～235頁］。このことは，調査団と水俣の人々との出会いに対してもいえるかもしれません。というのも，鶴見の民俗学的なとらえ方と，問題を国際的な比較社会学の地平に押し上げる視野の広さによって，この出会いの普遍的な意義が明らかにされているからです。

　実社会にもたらした変化という点ではどうでしょう。色川は，この調査で「何を残せたのだろう」と疑問をもっていたようですが，学問の世界では社会科学の有機的な共同研究の経験を生み出し，石牟礼道子ら九州の在野の知識人とのネットワークが形成されました。現地水俣でも調査団の「水俣現地班」にあたる「不知火海百年の会」[18]（鬼塚巌会長，1981年発足）が結成されています。地域を越えた知のつながりが生まれ，学問から生活の中へと掘り下げられていきます。

　歴史の問い直しの射程はさらに広がり，日本のアジアとの向き合い方にもつながります。1965年の日韓基本条約や，72年の日中国交正常化で，戦争責任を放棄したことから，日本は国内外で批判を浴びていました。また，東南アジアに対する日本政府の援助は，日本企業の利益に結びつくものとして批判されました。そうした情勢を背景に，『水俣の啓示』の中の石牟礼道子，角田豊子らによる聞き書きには，戦前に，貧しい生活の中で，天草から東南アジアや中国へと流れていった女性たちの人生が，聞き手との対話の中で鮮明に現れています[19]。

　このように，本書は日本の「近代」とは何だったのかを，近現代史の縮図としての水俣と，そこから広がるアジアとの関係の中でとらえようとしていまし

た。患者家族の吉永理巳子は、『水俣の啓示』を読むことで「家族として苦しんでいたものが社会の問題だった」と気づき、水俣病への向き合い方が変わったといいます。学問が、家族に対して向けていた差別の気持ちという内面の問題を啓いていく役割をはたしていたのです。現地調査をして生み出された知が、対象地域にどう還元されるべきか、という課題の一つの方向性を示しているように思います。

(3) グローバル時代の環境問題のとらえ方
●

環境問題の国際政治化

さて、転換期を経験した世界と日本において、公害や環境問題に対する取り組みは、その後どのように展開したのでしょうか。まず、世界の動向から見ていきましょう。

ストックホルム会議に基づき、1972年に国連環境計画（UNEP）[20]が結成さ

※18 学術調査団第2期に合わせて水俣で結成された。石牟礼道子は「こちらの方には学校へ行かない人間がたくさんおりまして、それでも、この南九州の不知火海のさまざまの生き方をして、そのさまざまの生き方の中で、全部深いというか広いというか、そういう意味の専門家ばっかり」の会と、東京の専門家が結びつく姿を当初から期待していた（『不知火海百年の会　水俣通信』3号、1981年10月31日〔水俣病センター相思社所蔵資料〕）。会長の鬼塚はチッソ労働者だった（第1章参照）。

※19 石牟礼道子「乳の潮」・角田豊子「天草の女」には、大陸に渡り「慰安所」の経営にかかわった老女の話などが出てくる（色川大吉編『水俣の啓示　下』）。

※20 環境の保全に指導的役割をはたす国連の主要な機関として、ケニアのナイロビに設立された。地球規模の環境課題を設定し、環境保全のリーダーシップを取ることが期待されている。

れ，持続的に国際環境問題を扱うことができるようになります。しかし，環境保全に素早く着手できたわけではありません。「開発」や「保全」をめぐって途上国と先進国の間で対立が生じ，国際的な共通認識は形成されなかったからです。

　転換期以前の冷戦構造を前提とした開発援助競争では，先進国が途上国に開発支援を行うことに疑問の余地がありませんでした。ところが，先進国はストックホルム会議以降に環境保全を目指すようになります。そのような転換に対し，1960年代以降，新たに国連に加盟して国際政治の主体となりつつあった途上国は，その後も開発援助を要していました。このような開発をめぐる新たな対立構造は，第三世界の成長に伴う多極化現象の中で浮かび上がり，先進国も途上国も巻き込んでいくグローバル経済の広がりとともに明確化します。このような動向が，後述する80年代後半以降に登場した「持続可能な開発」という新しい概念を生み出す出発点となります。

　対立が鮮明化する一方で，1985年ごろに地球温暖化問題[21]が浮上してから，環境問題は国際政治のより一層重要な領域と意識され始めるようになります。1970年代初頭の公害問題への取り組みを継承する動向を，地域環境問題と原発事故という二つから見てみたいと思います。

　1980年代後半には，世界規模では考えづらい地球環境問題を，リージョナル（地域世界的）な単位でとらえ直そうという動きが登場します。日本とアジアの関係では，ODAの問い直し[22]や，アジア・太平洋NGO環境会議[23]のような環境問題に取り組む民間団体の結集が見られます。

　先進国内部では，原子力発電所をめぐる大きなうねりが生じていました。ドイツでは，1968年の学生闘争世代が「緑の党」など社会民主勢力として結集し，脱原発を推進していきます。86年のチェルノブイリ原発事故[24]の衝撃は大き

く，情報管理の在り方など社会的な仕組みの問題へと波及し，冷戦体制の一極であるソ連崩壊の引き金となります。

このように環境問題を社会問題として人間や国同士の関係においてとらえるという視点は，地球温暖化や酸性雨など地球規模の環境問題に対処するため，1992年にブラジルのリオデジャネイロで開かれた地球サミット（国連環境開発会議）で明確に主題化されていくことになります。地球サミットは，国家元首を中心に178か国が参加する大規模な会議となり，リオ宣言では「持続可能な開発」を軸に，27原則が確認されました。さらに具体的な行動計画としてアジェンダ21が採択され，地球環境問題は国際政治の重要テーマとなったわけです。

「持続可能な開発」

近年の国際的な環境問題のとらえ方で，注目したいものを3点取り上げたい

※21 二酸化炭素やメタン，一酸化二窒素など温室効果ガスが増えることで地球全体の気温が上昇すること。その結果，氷河が溶け出して起こる海面上昇や雨量不足，伝染病の増加など多様な問題が発生すると考えられている。1985年の国連環境計画のフィラハ会議で，初めて国際的に主題化される。

※22 日本が行うODAに対し，東南アジアの環境を破壊したり，受注が日本関連企業に偏っていたりといった問題が当時指摘されていた（日本弁護士連合会　公害対策・環境保全委員会編『日本の公害輸出と環境破壊』）。

※23 日本環境会議を母体として1995年から「アジア環境白書」研究会が発足し，『アジア環境白書』シリーズを，1997〜2011年に複数回発刊している。アジアの地域環境問題や各国間の問題比較など，多彩なテーマに取り組んだ。

※24 1986年に当時のソ連チェルノブイリ原発で起きた世界最大規模の原発事故。現ウクライナやベラルーシ，ロシアなど広範囲の地域で放射能汚染が起きた。当時，ゴルバチョフ書記長はグラスノスチ（情報公開）を進めていたが，この事故を契機として，その動きを急速に進めた。

3. 水俣病を歴史学的に考えると，何が見えてくるのだろう？　91

と思います。

　まず，リオ宣言に見られる，社会問題としての環境問題を構成する概念に「持続可能な開発」があります。この概念は，WCED（環境と開発に関する世界委員会）の報告書『われら共通の未来』（1987年，ブルントラント報告書）において明確に打ち出され，世代間の公平性や，途上国の生活水準の向上と先進国との間の格差是正が強調されました。リオ宣言後の「テサロニキ宣言」（1997年）において，「持続可能性という概念には，環境だけでなく，貧困，人口，健康，食品の安全，民主主義，人権，平和といった要素が含まれる。持続可能性とは，最終的には道徳的・倫理的規範であり，文化的多様性や伝統的知識を尊重する必要があることを示すものである」（10項）とより具体的に定義づけられます。

　さらに，近年では2000年に国連が「ミレニアム開発目標」（MDGs）を，その後，15年には「持続可能な開発目標」（SDGs）をそれぞれ設定し，「持続可能な開発」の考え方は，現在の日本の学校教育の中にも取り入れられています。

環境をめぐる正義と公正

　近年同じく注目されている考え方に「環境正義」があります。この考え方は，もともと白人による自然保護運動に環境保護運動の起点をもつアメリカで，抑圧された人々に対する差別と環境汚染が複合的に現れることにむしろ問題があると主張するものです[25]。

　1991年10月に開催された第1回全国有色人種環境指導者サミットでは「環境正義の17原則」が制定され，その思想が広く知られるようになりました。このような，公害運動に通じる社会的公正を問う環境保護の取り組みは，90年代以降の世界的潮流ですが，実は日本の公害闘争もほぼ同質の運動であったわけ

です。

脱「開発」

　以上のように，1990年代以降の環境保護をめぐる世界的潮流は，人間と自然の関係だけを問題にするわけでなく，人間社会内部の差別や政治的課題を問題化するようになりました。ただ，基本的には「開発」や「発展」を肯定し，そのことが人類を幸福に導いていくという考え方を取っていると，大きくはとらえることができます。

　しかし，その考え方自体を批判する動向も，先進国内部を中心に起こっています。たとえば，戦後の「開発」を根底から批判し，「持続可能な開発」概念に対しても「開発」は環境問題と結びつくことにより「若がえり，延命に成功した」とさえ表現する場合があります[26]。あるいは，「持続可能な」のような，さまざまな形容詞が付されても結局は「発展」を維持しようとする概念を批判し，これからは「脱成長」社会を目指すべきとする提案もあります[27]。これらは，「経済発展」と「環境保全」を調和的にとらえる考え方とは根本的に異なります。

---

[25] 1960年代の公民権運動，70年代のラブ・キャナル事件などで高まった反公害運動を経て，82年の有害廃棄物の処分場建設に反対するアフリカ系アメリカ人の市民的不服従運動（ウォーレン郡事件）に至る。

[26] ヴォルフガング・ザックス編『脱「開発」の時代―現代社会を解読するキイワード辞典』（晶文社，1996［1992］年）。

[27] セルジュ・ラトゥーシュ『経済成長なき社会発展は可能か？―〈脱成長〉と〈ポスト開発〉の経済学』（作品社，2010［2004・2007］年）。

（4）私たちの「公害／環境問題」認識をとらえ直そう

●

日本の中の「環境問題」

冷戦体制の崩壊とグローバル化の進行という世界情勢を背景として「環境問題」の国際政治化が進みました。しかし，日本の場合，事情が異なります。最後に，日本の「公害／環境問題」認識をとらえ直し，改めて水俣病や水銀汚染をめぐる現在についても考えることで，水俣病を「歴史する」意味を振り返りたいと思います。

世界にKOGAIを印象づけたはずの日本でしたが，1970年代後半以降，政治問題とは切り離された「環境問題」の時代となるとともに，「公害は終わった」という雰囲気が支配的になっていきます。その背景には，環境法制が整備されるとともに，大規模な公害事件が減少していったことや，オイルショックにより高度成長が終焉し「省エネ」「省資源」が目指されたことなどがあげられます。他方で，田中角栄首相が提唱した「日本列島改造計画」（1972年）で，中央・地方間格差を是正することを理由に，地方都市の開発計画が推進され，新潟や福島などで原発が複数建設され始めるのも，この時期からです。原発を例に取ると「公害が終わった」というより，「クリーンエネルギー」というふれ込みで，そのリスクを地方に押しつけたともいえます。

1980年代に入り，世界が開発や原発に内在するリスクに気づき始めるころ，日本ではそのような受け止めが見られませんでした。同時期，高度成長ほどではありませんが，安定成長を持続し，日本は「ジャパン・アズ・ナンバーワン」など賛美を受けます。バブル経済が到来する中，企業に所属し，個人や家族と

いった私生活を重視する社会的な風潮が強まったので，社会を変革する声は高まりませんでした。これらの結果，日本では，ドイツで広がった「脱原発」運動のような社会運動は，政治的に広範な取り組みにはならなかったのです。

　1990年代に入り，日本でも環境政策が大きく転換していきます。93年に，前年のリオ宣言を受け，それまでの事業活動による環境汚染への対策に力点のあった公害対策基本法に代わって，より積極的に地域や地球環境の管理保護を目指す，とされた環境基本法[28]が制定されました。環境政策に関する総合的な基本法としての積極的な意義がある一方で，社会的には公害への意識の後退につながったことは否定できません。たとえば環境基本法制定に伴い，学校教育の場で初めてつくられた文部省の『環境教育指導資料　事例編』（1995年）は，自然環境の問題やごみの問題などで占められており，公害を正面に据えた授業実践はありません。あたかも「公害」は現在の問題ではないかのようです。

　このように，国際的には主題化していた社会問題としての環境問題というとらえ方や，そのような意識に基づく環境教育は，日本の中での公害問題の退潮とともに，広がりを見ませんでした。その結果，私たちが生活する学校の中では，社会的な歪みに関心を寄せることなく「エコな生活」を善とする価値観が形成されたように思いますが，どうでしょうか。

※28　公害対策法から環境管理法への転換を促す法律として1993年制定。環境の恵沢の享受と継承，環境負荷の少ない持続的発展が可能な社会の構築，国際的協調による地球環境保全の積極的推進を原則に掲げる。政府に環境基本計画を制定させるなど，環境に働きかける総合的・積極的な取り組みが規定されている。他方で，環境権規定の不在，汚染者負担原則に関する問題，情報公開の不十分と住民参加の困難など課題があるとされる（大塚直『環境法　第2版』有斐閣，2006年）。

3. 水俣病を歴史学的に考えると，何が見えてくるのだろう？　95

水銀汚染の問題でも

　このような世界と日本のズレは，水俣病の原因である水銀汚染のとらえ方についても見られます。

　世界では，ストックホルムでの衝撃から，長期微量汚染や大気の水銀汚染といった，日本ではあまり顧みられない水銀汚染に関する研究が進められました。有害物質としての指定を受けて，水銀の蛍光灯や体温計などの日用品での使用，産業活動における利用，石炭火力発電による大気中への放出に対して，制限を設けようという動きが現れます。

　また，胎児性患者の存在を目の当たりにしたことから，妊婦に対する魚介類など水銀を含有する食べ物の規制も，アメリカでは1990年代から始められています。私たちの日常生活と水銀汚染の関係を考え，対策に出たのは，欧米の方が実は早いのです。

　他方，日本では，水俣病の補償協定が結ばれた後，水俣病として認定するかどうかが大きな問題となります。1973年に，水俣・新潟に次いで「有明海でも水俣病が発生した」という調査結果をきっかけに，「第三水俣病」の発生がセンセーショナルに報じられました。各地で同様の症状が見られることも明らかになり，これを機に，政府は水俣病認定の見直しを始め，77年に「複数の症状がないと認定をしない」という，大変厳しいものに変更しました（77年判断条件）。以後，この基準による認定申請の大量棄却が発生し，法廷闘争が幾重にも重なることとなります。また，認定制度の枠内でのみ水俣病をめぐる議論が終始し，他の問題に広がらない傾向が生じてしまいました。

　このような中で，微量汚染や，高齢化とともに現れる症状など，社会問題化した後に現在進行形で生じていた，新たな水俣病問題には社会的関心が集まらず，

水俣病は「過去の公害病」という認識が広がります。また，日常生活の中で使用している水銀が，とりわけ胎児や，廃棄物が輸出される途上国など社会的弱者に対して，環境汚染を引き起こしていることへの関心もなかったように思います。1985年に出版された原田正純の本のタイトルは『水俣病は終っていない』（岩波新書）でした。これは，そういわなければならない状況だったことを表しています。

水俣の模索

このように社会からの関心が低くなる一方で，水俣では，公害との異なる向き合い方が登場し始めていました。患者や支援者たちにとって「闘争」から「生き方」への転換が起こり，「私と水俣病」の関係が問われるようになるのです[29]。

たとえば，浜元二徳や坂本しのぶたちがアジアの公害問題に積極的にかかわるようになるのは1980年代後半以降です。柳田耕一たち相思社が始めた水俣生活学校の取り組みでは，認定制度など「チッソ型社会」にとらわれていく自分自身の在り方を転換するために，「生活」を主題化して，衣食住を自分たちの手でつくり出そうとしました。柳田たちは先に紹介した脱「開発」を主張するイヴァン・イリイチとも交流をしています。水俣市の学校では，若い世代の教員が水俣芦北公害研究サークルに集まり，患者との出会いから自分の生き方を見つめ直す取り組みを開始しています。

※29　水俣フォーラムの実川悠太は，1989年を画期に「闘争の時代」から「表現の時代」へと推移し，その人にとって水俣病はどういう意味をもったのか表現をする時代に入ると述べている（水俣病センター相思社『今　水俣が呼びかける』相思社，2004年，29〜34頁）。

3. 水俣病を歴史学的に考えると，何が見えてくるのだろう？　97

これらは,「公害は終わった」「環境問題の時代」といわれる中で,「公害に学ぶとは何か」を一人ひとりが探究する取り組みでした。「近代化」の問い直しや, GDPのような経済的「豊かさ」と異なる価値観を目指すなど, 社会問題としての環境問題に関心を寄せる世界的動向に通じるものがあります。ただ, 日本社会全体への広がりは大きくはありませんでした。注目を集めるのは, 21世紀になってから, 3・11後の世界においてでした。

水銀条約

　2013年に水俣で水銀条約[※30]が締結されました。世界と日本の水銀汚染をめぐる動向を, 再びつなぐ画期となる出来事でした。

　水銀汚染に対する諸外国の動向とは距離のあった日本政府も, 2000年代半ば

図30　厚生労働省の妊婦と水銀に関する啓発
水銀による魚介類の微量汚染の可能性があり, 妊婦の摂取量の目安が示されている。これは, 水俣に限らない, どこの, 誰にもかかわる問題。

以降, 国際社会と連携せざるを得なくなります。06年に環境省は有害金属対策の専門検討会を設置し, 水銀も含めてUNEPの取り組みに基づき, 有害金属の利用実態の調査や対策を検討し始めます。翌年, それまで消極的だった水銀規制条約の話し合いにも参加するようになります。

このような動向は, 私たちの日常生活にも変化を与えます。アメリカにならい, 胎児保護の取り組みを2000年代半ばから正式に始め, 厚生労働省が妊婦に警鐘を鳴らすようになります (図30)。かつて歯の詰め物の材料として主流だった歯科用アマルガムには, 水銀が含まれていることが知られ, その使用量が減少しました。また, 水銀体温計なども見られなくなりました。

2017年, スイスのジュネーブで開かれた水銀条約締約国会議に, 坂本しのぶが参加しました。ストックホルム会議以来の国際舞台です。会議では「水俣への思いを捧げる時間」が設定され, その中でしのぶは次のように述べました。

「女の人と子どもを守って下さい。一緒にしていきましょう」と。

未来を見すえ, 歴史に学ぶ。その意味で水俣病は, やはり「過去のこと」ではありません[31]。

日本の社会や学校では, 水俣病をはじめとした公害問題は「経済成長 (近代化)

※30 正式名称「水銀に関する水俣条約」とされ, 政府は「水俣条約」と呼んでいるが, 患者の中にはその名称に反対している人々もおり,「水銀条約」と表記する。

※31 この時の水銀条約会議において, 安倍晋三首相 (当時) はビデオメッセージで「水俣病の被害と, その克服を経た我々」と発言し, 救済や補償は道半ばという認識の患者や支援者らにショックを与えた。それは, 東京オリンピック招致のプレゼンテーションで, 福島第一原発の放射能汚染水について, 同首相が「状況はコントロールされている」と述べたことと同根であろう。しかし, 両者は, 間違いなく現在進行形の社会問題である。

の影」の出来事で終わってしまっています。しかし，環境問題の国際化の中で重要な役割をはたした水俣病と患者たちの存在は，世界的潮流と日本の現状とのズレの中で，「公害に何を学ぶか」「現在の問題としてどうとらえるか」と問題を提起し続けてきました。このような歴史的経緯を見てきた私たちには，「高度成長期の出来事」を超えた何かが見えるはずです。そして，患者たちの声に耳を傾けてみると，彼らの問いかけの答えは実は見つかっておらず，依然として新たな課題を提起し続けていることに気づくのではないでしょうか。

レッスン

①この章に登場する，「公害」や「環境問題」に関して，重要だと思う出来事を次の頁の年表に整理してみましょう。

②以下の文章を読み，「私にとって水俣病を学ぶ意味」という題でエッセイを書いてみましょう。

> 水俣病は鏡である。この鏡は，視る人によって深くも，浅くも，平板にも立体的にも見える。そこに，社会の仕組みや政治のありよう，そして，みずからの生きざままで，あらゆるものが残酷なまでに映しだされてしまう。そのことは，はじめての人たちにとっては強烈な衝撃となり，忘れ得ないものとなる。私にとって，水俣病をつうじてみた世界は，人間の社会のなかに巣くっている抜きさしならぬ亀裂，差別の構造であった。そして私自身，その人を人と思わない状況の存在に慣れ，その差別の構造のなかで，みずからがどこに身を置いているのかもみえた。結論として，水俣病を起こした真の原因は，その人を人と思わない状況（差別）であり，被害を拡大し，いまだにその救済を怠っているのも，人を人と思わない人間差別にあることがみえてきた。
>
> （原田正純『水俣が映す世界』日本評論社，1989年，3〜4頁）

レッスン①の年表

年	日　本	年	世　界

3. 水俣病を歴史学的に考えると，何が見えてくるのだろう？　101

エピローグ—そして，3・11後の世界の中で—

我々はどこから来たのか　我々は何者か　我々はどこへ行くのか

——P. Gauguin 1897

　2011年3月11日午後2時46分，宮城県沖約130kmの地点を震源とするマグニチュード9.0の地震が起きました。いわゆる東日本大震災です。そして，その地震が引き起こした津波が，福島第一原子力発電所を襲い，全電源喪失，炉心溶融（メルトダウン）を引き起こし，チェルノブイリ原発事故に並ぶ史上最悪の原発事故となりました。私が暮らしている首都圏でも「計画停電」が実施され，自分たちの生活が遠く福島でつくられた電気によって支えられていることをはっきりと自覚しました。

　あれから，7年の歳月が過ぎました。震災直後は鮮明だった原発の賛否を問う人々の声が，徐々に日常生活の後景に退きつつあるように感じています。

　あなたは，知っていますか。あるいは，覚えていますか。

　事故直後，事件の全容が分からない中，一般の人々もどうこの事態をとらえたらよいか，一生懸命になっていたこと。それは，1970年ごろの公害に対する人々の不安と重なるものだったと思います。見えない，臭いもしない不気味な放射能をとらえようと，空間的に放射能汚染を把握するため地図に注目が集まりました。それは，まるで「公害地図」の取り組みのようでした[1]。

　水俣の慰霊碑は「二度とこの悲劇は繰り返しません」と刻んでいます。しかし，私は原発事故後のようすを見ていて「悲劇は起きているのではないか」，そう思

※1　事故直後は，SPEEDI（緊急時迅速放射能影響予測ネットワークシステム）が有効に活用されなかったことに批判が集まった。その後，文部科学省や民間でも地図づくりが行われた。中でも，NHK制作グループと木村真三の調査のようすがテレビで放映されて大きな反響を呼んだ。

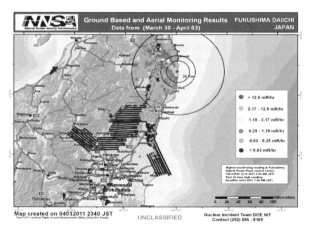

図31　アメリカ，エネルギー省の放射能監視データ（2011年3月30日〜4月3日分）

えてなりませんでした。というのも，水俣病で見たことと同じことが，繰り返し，繰り返し生じているからです。

　日本の原発立地は，中央と地方の格差の上に成り立っているといわれます。なぜ，東北に首都圏の電気をつくる原発があるのかは，東北「開発」の歴史とかかわっていること，さらに現在進む「復興」政策もこの「開発」と地続きの問題であることが指摘されてきました[※2]。原子力政策を強力に推進し，「原子力村」と批判された政府や企業，研究者ら利権集団の存在は，宇井純や原田正純が批判し続けた組織的な隠蔽や問題の矮小化，専門家の社会的役割の喪失といった問題そのものです。チッソの工場内で工員たちに被害があったのと同じように，原発内部では，事故時や事故後の対応で被曝している労働者の労働災害があります。原発から出た放射性物質や放射性廃棄物が未来の世代に負荷として残り続けるのは，一度地上に産出された水銀が地上から消えないことに通じます。事故被害の認定制度や補償の枠組みは，水俣病事件を参考にしている

とされています。食の問題から始まった水俣病と同じように，福島を中心とした東北の農作物や魚介類などの放射能汚染問題や「風評被害」問題も起こりました。原発事故から避難した子どもに対するいじめなど差別に通じる問題も，さまざまな場面で起きています。……本当に共通点が多いのです。

　ただ，違いもあるように思います。水俣病は多くの人々が「豊か」になっていく高度成長期に起こったのに対して，3・11は日本経済が傾き，格差と貧困が広がる新自由主義[3]時代に起きたことです。経済のグローバル化とともに，日本社会では所得の格差や，大都市と地方との人口や経済格差，教育による格差の固定化などさまざまな「格差」の問題が現れました。こうなると，「同じ社会を生きている」という感覚をもちづらくなります。つまり，そもそも「私」を含めた日本中が「豊か」になった「経済成長の光と影」という表現も共有できないのです。

　この違いはどういう変化を生むでしょうか。政府は，「成長戦略」「日本を取り戻す」と，政治スローガンを掲げていますが，どこか国民の関心は薄いようです。高度成長期の右肩上がりの景気や，社会変化へのあこがれは感じますが，所得格差，将来への不安など，足元を見るとその実現は難しいと感じているからでしょう。また，自分も苦しい状況にある時に，他者の権利要求を見ると「何

---

[2]　大門正克ほか編『「生存」の東北史―歴史から問う3・11』（大月書店，2013年），中嶋久人『戦後史のなかの福島原発―開発政策と地域社会』（大月書店，2014年），中田英樹・髙村竜平編『復興に抗する―地域開発の経験と東日本大震災後の日本』（有志舎，2018年）など。

[3]　資本主義下の自由競争原理を重視する立場で，政府の民間への介入に反対し，減税や規制緩和，民営化の促進などを取る「小さな政府」を目指す。イギリスのサッチャー政権，アメリカのレーガン政権に始まり，日本でも中曽根康弘政権以降に本格化する。公的な社会福祉の縮小は，貧富の差を拡大し，所得格差や教育格差を招いている。

エピローグ―そして，3・11後の世界の中で― 105

をぜいたくな」と思いがちなのが新自由主義時代でもあります。そうなると，問題解決のために，かつて起こった公害闘争で人々が連帯したようなことを期待しても実現は難しそうです。

　このような共通点と相違点を押さえた上で，私たちは「3・11後の水俣／MINAMATA」から何を学ぶことができるでしょうか。最後に，本書で見てきたことからいえることを，3点に絞って考えてみましょう。

　まず一つ目は，**グローバル化と新自由主義が進む現在だからこそ，「人間」のあるべき姿を追求し，自分と他者の「尊厳」を，どう社会が承認していけるかを問うこと**です。

　水俣病の患者たちは，みずからの身体をさらし，企業や行政に，「人間としての償い」を求め続けました。はじめは患者たちの置かれた状況を理解できなかったチッソの労働者たちの中から，安賃闘争後の厳しい仕打ちを経験することで状況を理解する見取り図を獲得し，会社の不正に立ち向かえなかったのは「人間として，労働者として恥」と宣言する人たちも出てきました。カナダの水銀汚染を目の当たりにした調査団は「公害の前に差別がある」という認識をもちました。日本の公害輸出に反対した若者たちは，戦前の植民地支配まで掘り下げ，アジアの人々とどう向き合っていけばよいか探究し続けました。

　いずれも「人間の尊厳」を大切にすることから生まれる，社会への問いかけであり，この視点は水俣病に限ったものではありません。福島第一原発事故においても，加害に対してどのような償いをしたらいいのか，公害や環境問題に向き合う社会の仕組みをどうつくったらよいか，社会の中に残存する差別やいじめにどう立ち向かえばよいのか，社会に問いかけ，構造的に物事を考えてい

く拠点になります。

　また，そう社会に問いかけることで，今度は自分自身の中で変化が起こります。たとえば，偏差値や社会的地位のような外部の尺度だけでなく，自分自身を大切にできる自分の価値観や尺度を内発的につくり出せるのではないでしょうか。かつて世界史の転換期に，既存の価値や体制を疑い，「自分のもの」をつくり出そうと取り組んだ人々の歴史経験とも，重ねて考えることができると思います。新自由主義時代だからこそ，自分と他者の「尊厳」を大切にしたいと思います。

　二つ目は，主に第3章で見た，**「経済成長」や「開発」という20世紀の政治目標や社会通念を無条件な前提とせず，これらとは異なる価値観や生き方を探していくという点**です。

　衣食住をはじめとした生活に必要なものを手に入れたいという欲求は，人間にとって自然なものでしょう。ただ，政治家が語り，マスメディアなど日常生活の中で広まる「成長」や「開発」という言葉は，歴史的な背景をもって登場したものでした。20世紀に入ってアメリカで誕生した大衆消費社会を起源にもち，本格的には戦後冷戦体制を背景に，米ソによって展開されたアジア・アフリカの旧植民地国への開発支援競争が，この言葉を世界に広めました。

　日本の戦後の経済成長も，国民の中に広まったアメリカの生活を理想とする意識も，これらの世界体制を背景にしたものです。また，3・11後に広く社会に知られるようになった，原子力政策を取り巻くアメリカの技術支援や資金提供，日本国内の中央と地方との関係に基づく地方「開発」政策などの存在も，実は20世紀の「成長」と「開発」をめぐる物語と重なる問題なのです。公害や原子力開発の犠牲となった人々の告発の声は，これら社会の構造への問いかけの意

味をもっています。こうしたことも「歴史する」ことで見えてきました。

　今日，広がる格差の中で，最低限の生活保障も厳しくなっています。「経済大国」日本の中で貧困という問題が浮上しています。さらに，海外，とりわけアジア各国からの労働者の数が今後急速に増えていくことも予想されます。格差社会とグローバル化の中で，一人ひとりが「豊か」になるだけでなく，社会全体の支えをどうつくれるか，考える必要があります。

　また，真の意味での「豊か」な社会を考える際に，「成長」や「開発」という言葉に代表されるものとは異なる価値観にも着目してみましょう。たとえば，復興政策の中で沿岸部に建設が進む防潮堤に対して，津波から村を守るという合理的な理由がある一方，地域住民にとって「生活の場」としての海岸の喪失を憂える声も聞こえてきます。「なぜ」と問うと，海岸線の風景は，海とともに暮らす人々にとって，海を身近に感じさせたり，さまざまな生活文化を生み出したりと，多様な意味があることが見えてきます。これも水俣の漁師の歴史経験と通じます。人間と海との間に築かれた「豊か」な関係が見えてくるのです。

　最後に，**「学ぶ」や「知る」という行為自体に，「力」があることを自覚することです**[※4]。

　水俣病の患者にとって，日本や世界各地に出かけていく「旅」を通じて，新たなことを「知る」ことが，時空間的に社会を認識する力となり，運動をより力強いものとしていきました。世界環境調査団や不知火海総合学術調査団のような学術研究も，現実に「学び」，「知る」過程を通して「公害」という問題の多様な広がりを書き留めてきました。水俣にかかわる人たちは，水俣病の経験がきっかけとなり「近代とは何か」を社会に問いかけることになりました。

　このような「力」や「見え方の変化」も，水俣病だけの問題ではなく，水俣

に学ぶ私たち自身に通じる普遍的なものです。たとえば，社会科や歴史教育は，しばしば知識を集めた暗記科目と思われがちですが，水俣に出会うことが，社会科の知識の意味をも変える力をもっています。知識を増やすのではなく，歴史的に生きていることを感じ取ることで，知識観が変わるのです。その例として，一人の生徒が語ったことを紹介したいと思います。

> 今改めて考えるのはどのような問題でも，その先では生身の人間が生きているということだ。水俣病でも，サリドマイドでも，震災でも原発でも，そこに生きている人がいる（いた）。……現代社会の参考書のなかには公害についての項目があり，水俣病や薬害事件についても"覚えなければならない項目"として穴埋め形式で解答する箇所があった。……今その問いを目の前にすると，違和感というか，それが受験に必要な手段として一つの公式や文法と同じ扱いをされて取り上げられていることに抵抗を覚えた。

この生徒は，過去の出来事でも，現在の出来事でも，そこに人が生きていると認識することで，知識への感じ方が変化したといいます。心の変化を伴いながら，世界観が変わったといってよいでしょう。

※4　水俣病問題の中では，「知る／知らない」ことに伴う当事者性が問われてきた。杉本栄子は「知らないことは罪」という。プロローグのスマートフォンの例のように，消費者としての私たちは，生産現場にある環境汚染や社会問題について「知らない」ために，気づかずして加害の立場になることもある。これは「公害に第三者はいない」という宇井純の課題意識とも重なる。そして，このような公害や環境汚染の問題に対しては，「未知」の領域があるのではないか，という意識を常にもつこともまた大切である。

水俣ではよく「（水俣病の現実を）見てしまった責任」として，研究や支援に取り組んだということを聞きます。これは，対象としての現場や，当事者との出会いから，学習者自身が知る「当事者」となり，行動する「当事者」になったことを示しています。現在は，グローバル化や情報技術の発展とともに，爆発的に拡大する知識や情報の海の中で，私たちは生きています。自分なりの視点をもってこれらをとらえ直し，社会を認識する見方の軸をつくるには，知ることへの「当事者」性を獲得していくことが重要になるのです。

　さてこの本は，水俣病の歴史に注目し，「学ぶ私」はその歴史からどのような影響を受けるのか，逆にその「歴史」は現代にどのような意味を持ちうるのか，という双方向に発する問いを考えるものでした。また，私たちが目の当たりにしてきた水俣病にかかわった人々の「学び」とは，近代化とそれがもたらした苦難を「歴史する」ことにより，みずからの世界観や生き方を啓いていく実践そのものでした。そのような歴史実践の営みに着目する書き手としての《私》と，この本を読んでくれた《あなた》と，そして確かに生きてきた歴史的な《彼ら》という，異なる三つの「学ぶ主体」がこの本の読書空間には存在しています。それぞれの主体の，それぞれの生き方の中の「学び」が交錯するところに，「3・11後の水俣／MINAMATA」は立ち現れるという考えのもと，この本は書かれました。本シリーズが提案する「歴史する（Doing History）」ことへの，本書なりの接近です。

　3・11後の世界において「公害」を学ぶことの意味は多様です[5]。公害は，総合的な社会問題であり，いろいろな立場からその歴史をとらえることができるからです。また，事実だけでなく，私たちの価値観にも問いかけてくるからで

もあります。「水俣／MINAMATA」を歴史することで「歴史を学ぶ意味は何か」「歴史的にとらえ，考えるとは何か」に答えを出すヒントが，自分のものとして得られると思います。

　このような意図に基づく本書ですが，あなたに，どう届いたでしょうか。これまでの「水俣病」の理解が塗りかえられたり，公害を学ぶ理由を自分なりにつかめたりしてもらえたら幸いです。

　もし，そのどちらかならば，本書の巻末に満載された参考文献の中で，気になるものを一冊，手に取って読んでみてください。すでに，あなたは水俣と向き合う力をもっているからです。

　幸いにも，あなたが水俣を訪れることができるならば，事前に水俣病センター相思社水俣病考証館，水俣市立水俣病資料館について調査してから訪問してみましょう。また，水俣には行けなくても，東京を中心に水俣フォーラムという団体が活動し，公害資料館ネットワークでは各地の公害資料館を紹介しています。関心をもったら，自分からこれらの団体の活動にアプローチしてみることをお勧めします。

　「水俣／MINAMATA」を歴史する経験が，あなたの世界観を広げることに役立つことを期待しています。

※5　公害学習の歩みについて，小川輝光「社会科における公害学習の焦点」（『社会科教育研究』133，2018年）参照。

謝辞

　この本の背景にある授業実践は，水俣への学習旅行を担ってこられた神奈川学園の先生方の努力に多くを負っています。また，一緒に旅をしてくれた生徒や卒業生のみなさんからは，水俣に学ぶこととは何か，深く考えさせられました。そして，私たちのために，ご自身の経験を語っていただいた水俣病受難者，支援者，関係者のみなさまに，改めてお礼申し上げます。

　執筆にあたって，JSPS科研費JP18H00018・日本私学教育研究所委託研究［2018年度］の助成を受けました。

学びを深めるために

○水俣を歩く

　本書では，国土地理院の地図を活用しました。ほかにも，Google Mapのストリートビューを活用すると，現場に立つ臨場感を味わえます。もし，水俣を訪問できるならば熊本学園大学水俣学研究センター『新版　水俣を歩き，ミナマタに学ぶ』（熊本日日新聞社，2014年）がすぐれたガイドブックとなるので，もっていくとよいでしょう。

○証言を聞く

　水俣病の証言集は大変多いのですが，栗原彬編『証言水俣病』（岩波新書，2000年）は手に取りやすく，総合的に学ぶことができます。また，水俣市立水俣病資料館では，語り部のDVD貸し出しを行っています。

○関連団体ホームページ

水俣市立水俣病資料館　http://www.minamata195651.jp/

水俣病センター相思社　http://www.soshisha.org/jp/

チッソ株式会社　http://www.chisso.co.jp/

JNC株式会社　http://www.jnc-corp.co.jp/

水俣フォーラム　http://www.minamata-f.com/

公害資料館ネットワーク　http://kougai.info/

参考文献

〈プロローグ〉

友澤悠季『「問い」としての公害―環境社会学者・飯島伸子の思索』勁草書房, 2014年

華井和代『資源問題の正義―コンゴの紛争資源問題と消費者の責任』東信堂, 2016年

吉田文和『スマートフォンの環境経済学』日本評論社, 2017年

〈第1章〉

NHK取材班『戦後50年その時日本は3　チッソ・水俣, 工場技術者たちの告白／東大全共闘, 26年後の証言』日本放送出版協会, 1995年

岡本達明『水俣病の民衆史』第1～6巻, 日本評論社, 2015年

栗原彬編『ひとびとの精神史9　震災前後―2000年以降』岩波書店, 2016年

進藤卓也『奈落の舞台回し―前水俣市長吉井正澄聞書』西日本新聞社, 2002年

西村肇・岡本達明『増補版　水俣病の科学』日本評論社, 2006年

花田昌宣ほか『水俣病と向きあった労働者の軌跡』熊本日日新聞社, 2013年

原田正純『水俣病』岩波新書, 1972年

原田正純『宝子たち―胎児性水俣病に学んだ50年』弦書房, 2009年

藤崎童士『のさり―水俣漁師, 杉本家の記憶より』新日本出版社, 2013年

松本勉編著『水銀　第3集―坂本フジエさんと水俣病』碧楽出版, 2004年

山本茂雄編『愛しかる生命いだきて―水俣の証言』新日本出版社, 1973年

吉本哲郎『地元学をはじめよう』岩波ジュニア新書, 2008年

〈第2章〉

アジアと水俣を結ぶ会『アジア民衆環境会議―報告集1986.5.3～5.5』同会発行, 1987年

井上澄夫『歩きつづけるという流儀―反戦・反侵略の思想』晶文社, 1982年

鎌田正二『北鮮の日本人苦難記―日窒興南工場の最後』時事通信社, 1970年

姜在彦編『朝鮮における日窒コンツェルン』不二出版, 1985年

朝鮮統一問題研究会編『シリーズ日韓問題4　腐蝕する社会―公害と妓生観光』晩聲社, 1980年

都留重人ほか『現地に見る世界の公害―世界環境調査団報告　総括』東京新聞出版局, 1975年

日本弁護士連合会 公害対策・環境保全委員会編『日本の公害輸出と環境破壊』日本評論社,

1991年

花田昌宣・井上ゆかり「カナダ先住民の水俣病と受難の社会史(1)〜(3)」『社会運動』382・
　383・385, 2012年1・2・4月

原田正純『水俣病にまなぶ旅―水俣病の前に水俣病はなかった』日本評論社, 1985年

原田正純『水俣が映す世界』日本評論社, 1989年

原田正純『水俣病と世界の水銀汚染』実教出版, 1995年

原田正純『水俣への回帰』日本評論社, 2007年

原田正純ほか「カナダ・オンタリオ州先住民地区における水銀汚染―カナダ水俣病の35年間」
　『水俣学研究』3, 2011年3月

まくどなるど, あん・磯貝浩『カナダの元祖・森人たち』清水弘文堂書房, 2004年

松井やより『現代を問い直す旅―海外の市民運動』朝日新聞社, 1972年

宮松宏至『インディアン居留地で見たこと―カナダ, グラシイ・ナロウズでの6年』草思社,
　1983年

宮本憲一・淡路剛久編『公害・環境研究のパイオニアたち―公害研究委員会の50年』岩波書店,
　2014年

森下直紀「カナダ水俣病事件の現在」, 花田昌宣・久保田好生編『いま何が問われているか―
　水俣病の歴史と現在』くんぷる, 2017年

〈第3章〉

飯島伸子『環境問題の社会史』有斐閣, 2000年

井芹道一『Minamataに学ぶ海外―水銀削減』成文堂, 2008年

色川大吉編『水俣の啓示―不知火海総合調査報告』上・下, 筑摩書房, 1983年

植田和弘・大塚直『新訂　環境と社会』放送大学教育振興会, 2015年

小田康徳編『公害・環境問題史を学ぶ人のために』世界思想社, 2008年

蟹江憲史『環境政治学入門―地球環境問題の国際的解決へのアプローチ』丸善, 2004年

佐々木隆爾『世界史の中のアジアと日本―アメリカの世界戦略と日本戦後史の視座』御茶の
　水書房, 1988年

佐藤真久ほか『SDGsと環境教育―地球資源制約の視座と持続可能な開発目標のための学び』
　学文社, 2017年

庄司俊作編著『戦後日本の開発と民主主義―地域にみる相剋』昭和堂, 2017年

末廣昭「開発主義とは何か」「発展途上国の開発主義」，東京大学社会科学研究所編『20世紀
　システム4　開発主義』東京大学出版会，1998年

武田晴人『「国民所得倍増計画」を読み解く』日本経済評論社，2014年

武田晴人『脱・成長神話―歴史から見た日本経済のゆくえ』朝日新聞出版，2014年

遠山茂樹『戦後の歴史学と歴史意識』岩波書店，1968年

戸田清『環境的公正を求めて―環境破壊の構造とエリート主義』新曜社，1994年

西田慎『ドイツ・エコロジー政党の誕生―「六八年運動」から緑の党へ』昭和堂，2009年

西田慎・梅崎透編著『グローバル・ヒストリーとしての「1968年」―世界が揺れた転換点』
　ミネルヴァ書房，2015年

ピケティ，トマ『21世紀の資本』みすず書房，2014［2013］年

古田元夫「経済成長と国際緊張の時代」『岩波講座世界歴史26　経済成長と国際緊張：1950
　年代－70年代』岩波書店，1999年

星野進保『政治としての経済計画』日本経済評論社，2003年

牧野広義『環境倫理学の転換―自然中心主義から環境的正義へ』文理閣，2015年

マディソン，アンガス『世界経済の成長史1820〜1992年―199カ国を対象とする分析と推計』
　東洋経済新報社，2000［1995］年

安田常雄「アメリカニゼーションの光と影」，中村政則ほか編『戦後日本―占領と戦後改革3
　過去の清算』岩波書店，1995年

若尾祐司・本田宏編『反核から脱原発へ―ドイツとヨーロッパ諸国の選択』昭和堂，2012年

渡辺治編『日本の時代史27　高度成長と企業社会』吉川弘文館，2004年

〈エピローグ〉

秋元健治『原子力推進の現代史―原子力黎明期から福島原発事故まで』現代書館，2014年

NHK ETV特集取材班『ホットスポット―ネットワークでつくる放射能汚染地図』講談社，
　2012年

梶哲夫ほか編『公害問題と環境教育にどう取り組むか―社会科を中心に』明治図書出版，
　1973年

小森敦司『日本はなぜ脱原発できないのか―「原子力村」という利権』平凡社新書，2016年

寺尾紗穂『原発労働者』講談社現代新書，2015年

中嶋久人『戦後史のなかの福島原発―開発政策と地域社会』大月書店，2014年

永野三智『みな，やっとの思いで坂をのぼる—水俣病患者相談のいま』ころから，2018年

除本理史『公害から福島を考える—地域の再生をめざして』岩波書店，2016年

図版出典

図1　編集部作成

図2　国土地理院　2万5000分の1地形図

図3　毎日新聞社

図4　『朝日新聞』1959年11月3日付紙面

図5　「ロックアウト直後の正門」熊本学園大学水俣学研究センター蔵

図6　撮影：塩田武史

図7　著者撮影

図8　国土地理院　2万5000分の1地形図

図9　撮影：桑原史成

図10　映画「不知火海」　製作：青林舎

図11　著者撮影

図12　国土地理院　2万5000分の1地形図

図13　写真提供：吉永理巳子

図14　著者撮影

図15　著者撮影

図16　庄司光・宮本憲一『恐るべき公害』岩波新書，1964年，2〜3頁

図17　『告発』1972年6月25日号，水俣病センター相思社

図18　撮影：塩田武史

図19　撮影：塩田武史

図20　*Philips' Universal Atlas*, London: George Philip & Son, 1979, p.153を参考に編集
　　部作成

図21　撮影：塩田武史

図22　撮影：塩田武史

図23　反公害輸出通報センター『月報　公害を逃すな！』58，1977年10月，4頁。立教大学
　　共生社会研究センター蔵

図24　Alamy

図25　アジアと水俣を結ぶ会『アジア民衆環境会議一報告集1986.5.3〜5.5』1987年, 付図, 参考

図26　原田正純『水俣病と世界の水銀汚染』実教出版, 1995年, 30頁, 改変

図27　Alamy

図28　朝日新聞社

図29　撮影：塩田武史

図30　厚生労働省パンフレット『これからママになるあなたへ』

図31　United States Department of Energy
https://www.energy.gov/articles/us-department-energy-releases-radiation-monitoring-data-fukushima-area

著 者

小川　輝光

おがわ　てるみつ

1978年生まれ。東京都立大学大学院人文科学研究科史学専攻修士課程修了。現在，神奈川学園中学・高等学校教諭，早稲田大学教育学部非常勤講師，歴史教育者協議会会員。2006年から水俣市への研修旅行を続けている。専攻は，歴史教育・社会科教育。

主要著書・論文

『慰安婦問題を／から考える』（歴史学研究会・日本史研究会編，共著）岩波書店，2014年

『中等社会科21世紀型の授業実践』（中等社会科教育学会編，共著）学事出版，2015年

『第4次　現代歴史学の成果と課題　3 歴史実践の現在』（歴史学研究会編，共著）績文堂出版，2017年

「フィールドワーク研修の事前学習として水俣をどう学ぶか」『歴史地理教育』785, 2012年2月

「水俣と出会った高校生たち」『歴史地理教育』800, 2013年2月

「高校生の社会認識形成に関する質的研究」『社会科教育研究』121, 2014年3月

「現代日本の歴史意識と歴史学研究」『人民の歴史学』200, 2014年6月

「社会科における公害学習の焦点」『社会科教育研究』133, 2018年3月

「地球環境問題をどう学ぶか」『同時代史研究』15, 2022年刊行予定

編 集 委 員

上田信

高澤紀恵

奈須恵子

松原宏之

水島司

三谷博